CONSULTATION

DE M. LINGUET,

AVOCAT,

En Réponse à la Consultation sur la Discipline des Avocats, imprimée chez Knapen, en Mai 1775.

A BRUXELLES.

1776.

AVERTISSEMENT.

L'OBJET de la Confultation à laquelle je vais répondre, eft de juftifier toutes les intrigues que l'on s'eft permifes contre moi : il feroit difficile qu'on me conteftât le droit de la réfuter. Ce travail de ma part eft d'autant plus néceffaire que cet Imprimé, deftiné à faire illufion au public, eft très-propre à produire cet effet par l'art avec lequel il eft écrit, & fur-tout par la modération envenimée avec laquelle les traits les plus cruels y font déguifés : heureufement il porte tout entier fur une fuite d'équivoques & d'inconféquences bien abfurdes.

Avant de les difcuter article par article, je crois devoir remettre fous les yeux de mes lecteurs les réflexions générales que j'ai déja Publiées fur le fonds du fyftême des *Avocats* de Paris. Ils fuppofent que pour l'honneur de leur profeffion & la fûreté commune, il eft néceffaire de leur attribuer une police, qu'ils appellent *Cenfure*, dégagée de toute efpece d'entraves, qui puiffe, en procédant fans formes, fans régles, prononcer arbitrairement fur le fort des Citoyens aggrégés à ces Compagnies ; & que ces Arrêts ne foient foumis ni à l'infpection des Tribunaux, ni à leur révifion. Pour juftifier ce *paradoxe* vraiment étrange, on s'appuie de l'exemple de la *Cenfure* chez les Romains. Cette Magiftrature terrible, fut, dit-on, dans cette République la fauve-garde des mœurs ; & l'on affirme qu'elle avoit tous les priviléges revendiqués par la *Cenfure* moderne.

Les Inventeurs de ce fyftême, ne font ni des Spéeulateurs judicieux, ni des Antiquaires instruits.

D'abord la nature de notre Gouvernement exclut cet établissement meurtrier, éclos tout récemment de leur imagination exaltée. Une Magistrature ou un fantôme de Tribunal, qui auroit le droit d'enlever à des Sujets leur état & leur honneur, sans constater de griefs, sans rendre de compte, sans craindre de réforme en cas de méprise, ne peut exister dans une Monarchie. L'impossibilité d'y être jugé autrement qu'avec des formes, est dans cette espéce d'administration l'unique dédommagement de tous les inconvéniens qu'elle peut entraîner d'ailleurs. Il n'y est pas permis au Citoyen de s'y défendre autrement que par des voies légales. L'action d'appeller le Peuple à son secours, contre un Magistrat ou un Particulier vexateur, est légitime dans une *Démocratie*, parce que c'est le Peuple qui est le Prince. Dans une *Monarchie* ce seroit un attentat, un crime de lèse-Majesté, parce que ce n'est pas le Peuple qui est Souverain. C'est au Prince seul que l'opprimé peut avoir recours : & ce recours il ne peut l'exercer que par des voies judiciaires : ce n'est donc que par des voies judiciaires aussi, qu'il doit être attaqué & jugé.

S'il existoit un Gouvernement où un Citoyen pût être condamné sans formes, & où cependant les Tribunaux ne connussent que des condamnations prononcées avec des formes, il s'ensuivroit qu'il y auroit dans cette administration un moyen sûr de perdre qui l'on voudroit sans ressource : en employant ce moyen détourné, mais assuré, de donner la mort, on auroit la certitude que le blessé imploreroit en vain le secours de la Justice. Cette manœuvre répugne à l'esprit, à l'essence de la Monarchie.

Le Souverain y eſt garant à tous les hommes qui reconnoiſſent ſon pouvoir, de leurs propriétés : c'eſt-là le but de ſon inſtitution : or l'état & l'honneur occupent le premier rang parmi les biens qui ſont cenſés appartenir à tous les Membres d'une Société : ce ſont donc là ſur-tout ceux que le Souverain doit leur conſerver. De là il ſuit que le devoir impoſé aux Magiſtrats dans toutes les Sociétes, de veiller à l'obſervation des Loix en faveur du foible, eſt plus ſtrict encore, plus impérieux, dans celles où une ſeule main diſpoſe de toute l'autorité.

Si dans les Républiques on ſuit impunement d'autres maximes, c'eſt qu'il y a des moyens d'en prévenir les abus, ou que ces abus eux-mêmes y deviennent une compenſation neceſſaire des biens qu'y fait la liberté : mais dans une Monarchie, encore une fois, il faut eſſentiellement les proſcrire (1). N'eſt-il pas étonnant que dans un Etat fondé depuis 1400 ans ſur l'adminiſtration d'un Roi, des Gens de Robe prétendent ſans

____

(1) Voilà peut-être ce qui diſtingue eſſentiellement la *Monarchie* de la *République* ; cette diviſion caractériſtique eſt plus ſûre que celle de *l'honneur*, qui ſuivant *l'Eſprit des Loix* eſt le reſſort de l'une, tandis que la *vertu* eſt l'ame de l'autre.

Dans celle-ci il eſt impoſſible que les formes ſoient ſcrupuleuſement reſpectées, parce qu'il n'y a pas de citoyen qui ne puiſſe à chaque inſtant en provoquer le changement, & qui n'ait le droit de les attaquer, comme faiſant lui-même partie de la Souveraineté au nom de laquelle on les emploie ; au lieu que dans la Monarchie elles doivent être eſſentiellement ſacrées, inviolables ; rien ne doit ſe faire ſans elles ; il n'y a as de Membre de l'Etat qui ne doive y être ſoumis : parce qu'il n'y en a aucun d'eux qui puiſſe prétendre au droit de les établir, aucun qui ait celui de s'en plaindre quand le Prince les a conſacrées. Il eſt de l'eſſence d'uen République que tout y change avec la volonté du peuple, qui ſe régit lui-même : il eſt de l'eſſence d'une Monarchie que tout y ſoit immuable, que les formalités y ſoient ſacrées, parce que.....
& qui ne m'entendra pas ?

ceſſe s'appuyer ſur des noms & des exemples ti-
rés de l'Hiſtoire des Républiques ? Les Sujets d'un
Monarque ne doivent jamais crier *que vive le Roi*,
& non pas *vivent les Grecs*, *vivent les Romains*,
vivent les Anglois ; car enfin, d'après les exemples & les ſimilitudes, il n'y a pas juſqu'à *Mandrin*
qui n'eût pu juſtifier ſes brigandages : il auroit pu
ſe dire le ſucceſſeur des *Graches*, & réclamer
la puiſſance *Tribunitienne*. Il auroit pu comparer
ſes excurſions ſur les Riches & ſur les Financiers,
avec l'exécution des *Loix agraires*, & les préſen-
ter au Peuple comme un nouveau Code imaginé
en ſa faveur, pour mettre un peu plus d'égalité
dans le partage des biens. Il auroit pu dire qu'il
étoit un *Cenſeur* exact, & que s'il ſe diſpenſoit
des formes, c'étoit pour apporter plus de célérité
dans ſes opérations. Il auroit pu trouver dans la
Brochure dont nous parlons, l'apologie de ſon
Tribunat. Premier point bien eſſentiel : la *Cenſure*
eſt incompatible avec la Monarchie en général.

Mais on eſt bien plus ſurpris quand on voit, en
approfondiſſant cette matiere, que cette prétendue Magiſtrature que les Avocats réclament avec
tant d'emphaſe pour juſtifier leurs excès, étoit in-
connue, même dans la République, par l'exemple de laquelle ils prétendent la juſtifier.

En quoi conſiſte-t-elle, ſuivant eux ? Dans
l'exercice d'un deſpotiſme ſans frein, d'un pouvoir illimité, ſans régles, ſans formes, ſans me-
ſures : dans le droit de juger ſans le concours des
Tribunaux, ſans qu'ils puiſſent ni demander compte
des motifs, ni ſurveiller les déciſions, ni les rec-
ifier. Ce ſeroit la honte du *Peuple Roi*, d'avoir
ouffert au ſein de la liberté un eſclavage auſſi hu-
miliant, & celle de ſes Légiſlateurs de l'y avoir
introduit. Mais il n'en étoit rien : nous allons faire

voir en peu de mots aux *Cenſeurs* modernes, avec quelle modération, quelle intégrité, & ſur-tout quelle ſubordination les *Cenſeurs* anciens exerçoient leur miniſtère, & par conſéquent quelle différence il y auroit entre eux & leurs impitoyables imitateurs.

Le *cens*, où l'inſcription ſur le *tableau* de chaque ordre de l'Etat, ſe faiſoit en public, en préſence de tout le Peuple aſſemblé, & comment y procédoit-on ? *Tite-Live* nous l'apprend.

Il a été ordonné par nos Peres, dit-il, *que les Cenſeurs ne pourroient exclure perſonne du Sénat, ſans en écrire les raiſons.* En conſéquence Caton, le plus rigide, le plus redouté des *Cenſeurs*, ne fit aucune radiation, ſans la motiver par des diſcours très-véhémens, qui *exiſtoient encore* du temps de l'Hiſtorien : parmi ces monumens de ſa ſévérité, *on diſtinguoit ſur-tout ceux qu'il prononça contre Quintus Flaminius*, perſonnage conſulaire. Les preuves des faits y étoient développées avec toutes leurs circonſtances. En voici un.

Il commandoit dans les Gaules à nos ancêtres. Il traînoit avec lui un jeune favori qu'il honoroit d'une amitié ſcandaleuſe. Un Noble du Bourbonnois vint lui faire la Cour pendant ſon ſouper. *Nous n'avons point ici de Gladiateurs*, dit tout d'un coup le Proconſul à ſon mignon, *veux-tu, pour te dédommager, voir mourir tout-à-l'heure ce Grand Gaulois-là ?* L'autre ayant fait ſigne, en badinant, que oui, on vit le Magiſtrat ſe lever, donner d'abord à l'étranger, au milieu de ſon compliment, un grand coup de ſabre ſur la tête, puis le pourſuivre & lui percer le côté, au milieu des cris de cet infortuné, qui reclamoit la foi du Peuple Romain & le ſecours des aſſiſtans.

Il faut avouer que ce ne ſont pas-là des bagatelles. La preuve étoit acquiſe. Cependant Caton,

après l'avoir bien établie, *laiſſa Quintius le maî-*
tre de ſe juſtifier, dit l'Hiſtorien : *il lui permit de*
ſe défendre & de nier le fait s'il l'oſoit, ainſi que
tous les détails dont il venoit de faire l'énuméra-
tion. Voilà comment le plus dur, le plus ſévere,
le plus inexorable de tous les hommes exerçoit la
cenſure

Scipion l'Africain parvint à cette dignité. Un
Chevalier Romain nommé *Licinius*, aggrégé à
un Collége de Pontifes, ſe préſenta avec ſon
cheval pour être inſcrit ſur le tableau de l'ordre
équeſtre. Le vainqueur de *Carthage* élevant la
voix pour être entendu de toute l'aſſemblée,
accuſa le Prêtre Chevalier de faux ſerment. Il dé-
clara qu'il avoit la certitude du crime ; il invita
ceux qui pourroient en avoir quelques connoiſſan-
ces, à les communiquer. Perſonne ne s'étant pré-
ſenté, il ne raya point le coupable, & lui fit
rendre ſon cheval. *Ainſi*, obſerve Cicéron, qui
cite cet exemple, *celui dont le Peuple Romain &*
tout l'Univers s'étoit accoutumé à reſpecter les déci-
ſions, ne voulut pas s'en rapporter à lui-même quand
il s'agiſſoit de flétrir un Citoyen.

Ces *Cenſeurs*-là, comme on le voit, étoient
bien loin d'adopter des *bruits publics* des *ſoup-*
çons, pour regle de leur conduite, & pour autoriſer la perte des Citoyens. Ils auroient bien rougi
s'ils avoient pu deviner qu'un jour, dans un petit
coin de *la Gaule*, on s'autoriſeroit de leur exemple pour attribuer cet horrible privilege à une pe-
tite ſociété qui diroit le tenir d'eux.

Voyons maintenant s'il eſt vrai qu'ils euſſent
le droit de faire impunément tout ce qui leur plai-
ſoit, & que les Loix tombaſſent dans l'impuiſſance
dès qu'un Cenſeur oſoit ſe permettre de les violer.

Fulvius Flaccus ayant remporté des victoires en

Efpagne, avoit fait vœu de bâtir un Temple à la Fortune. Il vouloit concilier l'économie avec la magnificence, & fes intérêts avec fa piété. Il avoit entendu parler d'un Temple de *Junon* en Calabre, couvert avec des tuiles de marbre : il les fit enlever pour décorer celui de fa Fortune, de Rome. Les dévôts de Calabre n'oferent d'abord l'en empêcher, parce que la *puiffance Cenforiale les effrayoit.* Cependant on apprit à Rome d'où venoit ce toît brillant. Tout le Sénat en fut outré. On exigea que les Confuls fiffent le rapport de cette affaire en pleine affemblée. Le Cenfeur fut forcé d'y comparoître, & *il y fut vivement réprimandé par tous ceux qui étoient préfens, tant en particulier qu'en commun.*

Après ces préliminaires défagréables, l'affaire fut rapportée; il n'y eut *qu'une voix pour condamner le raviffeur à rendre à Junon fes tuiles.* Il y eut même *des facrifices expiatoires offerts à la Déeffe.*

Cet exemple prouve que des Cenfeurs injuftes & avares, pouvoient bien quelquefois abufer de leur puiffance; qu'ils pouvoient voler un Dieu pour en enrichir un autre; méprifer la Femme de *Jupiter,* & n'adorer que la Fortune : mais il prouve en même-temps qu'un Sénat éclairé, jufte, intrépide, au lieu d'être intimidé par le titre terrible dont ils étoient armés, les réprimoit févérement quand ils en abufoient.

Une troifieme différence bien effentielle entre la *Cenfure Romaine* & celle qu'une cabale féditieufe voudroit naturalifer en *France,* c'eft que l'effet de la premiere n'étoit ni durable ni flétriffant; en fuppofant que la mauvaife humeur d'un Cenfeur l'eût emporté fur la juftice, quand les deux années & demie de fon pouvoir étoient expirées, l'exclus, frappé par lui, pouvoit être réhabilité avec bien moins d'appareil encore qu'il n'en avoit fallu pour le dégrader. Il pouvoit prétendre à toutes les dignités. Il y parvenoit. *Cicéron* obferve que jamais dans *Rome*, *les rigueurs Cenforiennes n'avoient été regardées comme des jugemens.* Il cite l'exemple de *C. Getta. L. Metellus & C. Domitius, Cenfeurs, l'avoient rayé du Sénat. Bientôt après il fut élu Cenfeur lui-même; ainfi celui dont les mœurs avoient été reprifes par ces Magiftrats, devint l'infpecteur des mœurs du Peuple Romain & de ceux-mêmes qui avoient févi contre lui.*

Deux autres Sénateurs ayant été accufés de péculat, & rayés par *Gellius & Lentulus, deux Cenfeurs bien illuftres, deux hommes très-fages,* dit encore Cicéron, *non-feulement ils rentrerent dans le Sénat, mais ils furent judiciairement abfous des crimes dont les Cenfeurs les avoient jugés coupables.* Ce qui prouve qu'on n'étoit jamais déclaré *non-recevable* à Rome, quand on fe pourvoyoit contre les erreurs des Cenfeurs : à combien plus forte raifon contre leurs vengeances (1).

Cette maxime n'eft pas tout-à-fait conforme à celle des Cenfeurs nouvellement créés aux bords de la Seine vers le milieu du dix-huitieme fiecle.

On voit donc que jamais rien n'a moins reffemblé à la *Cenfure* ambitionnée de nos jours, que celle qu'exerçoient à Rome ces Généraux invincibles, ces Sénateurs éclairés, qui gouvernoient le monde par leurs décrets, après l'avoir fubjugué

---

(1) Cicéron va jufqu'à dire qu'un Jugement prononcé dans les formes par un affranchi des Cenfeurs, auroit plus de force que celui de fes anciens maîtres, *parce que,* ajoute-t-il, *nos ancêtres n'ont pas voulu que l'honneur, ou même le moindre intérêt pécuniaire d'un citoyen pût dépendre d'une autre autorité, que de celle d'un Tribunal régulier.*

par leurs légions. Mais voici quelque chose de bien plus admirable. C’est qu’il semble que Cicéron ait prévu l’abus que des esprits faux pourroient faire un jour de ce mot terrible, qu’il ait voulu en préserver la postérité par les avis les plus sages.

Avant tout, dit-il, *il faut régler si une chose doit passer pour vraie, parce que les Censeurs l’auront écrite, ou s’ils n’ont le droit de l’écrire qu’autant qu’elle sera vraie. Si elle est réputée vraie par cela seul qu’il leur aura plu de l’adopter, prenez garde que c’est leur assurer un pouvoir despotique sur chacun de nous : prenez garde que le crayon des Censeurs pourra faire plus de mal à la République que les plus cruelles proscriptions. Prenez garde que nous n’ayons à redouter ce* Poignard Censorial, *dont nos ancêtres ont tant travaillé à émousser la pointe, autant que le glaive d’un Dictateur. Mais si leur droit ne va qu’à constater ce qui est vrai, il faut donc que l’objet auquel ils s’attachent soit grave en lui-même : il faut le discuter soigneusement. Il faut écarter tout le faste imposant de la Censure, & n’admettre dans la cause, que ce qui est effectivement de la cause.*

Qu’on fasse attention à cette expression énergique, le *Poignard des Censeurs*, & qu’on juge comment l’Orateur Romain auroit qualifié les prérogatives monstrueuses que le Libelle ose révendiquer.

Il est incontestable que chaque Compagnie doit avoir une police, une *censure*, si l’on veut, une faculté de réprimande sur tous ses membres : mais cette police est-elle un despotisme insensé, & sans frein, ou bien la jurisdiction douce, morale qu’excerce un père de famille dans sa maison ? celle-ci se borne à des avis, à des corrections secretes, à des mortifications intérieures : dès qu’il s’agit de crime, & de l’application des peines que la loi y attache, elle cesse. Le père qui prendroit sur lui de les ordonner, ne feroit pas moins réputé meurtrier de fon fils que le dernier des étrangers.

De même une fociété quelconque a fur les enfans adoptifs qu'elle nourrit dans fon fein une jurifdiction amicale & limitée. Par la conftitution même de la Monarchie, le droit de vie & de mort lui eft interdit, parce qu'il eft exclufivement confié au Prince, ou à fes repréfentans. Elle ne peut pas prononcer fur l'état, c'eft-à-dire, fur l'exiftence civile, parce que cet état, cette exiftence ne peuvent dépendre que des Tribunaux.

Les Confultans eux-mêmes établiffent cette vérité. *Les jugemens des Cenfeurs*, difent-ils, pag. 7, *ne different de ceux que l'on porte dans le monde fur les mœurs & la conduite des hommes qu'en ce qu'ils prennent des précautions propres à fervir de barriere contre la légéreté & la précipitation.* Ils ne peuvent donc pas produire d'autres effets que ceux que l'on porte dans le monde ? Il peut en réfulter du mépris pour l'individu qui les aura encourus, une efpece de décri univerfel dont les Tribunaux ne pourront pas le venger, parce qu'en effet c'eft dans le cœur, dans l'opinion qu'il aura fa fource; mais il ne peut pas en réfulter la perte de l'Etat.

Cette cenfure reftreinte comme elle doit l'être à des effets intérieurs, à une police domeftique, fera indépendante de l'autorité, parce qu'elle ne difpofe que de ce qui ne dépend pas de l'autorité : elle pourra s'exercer fans loix, fans formes : tout membre qui ofera s'en plaindre, & effayer d'en fecouer le joug aura tort. Il y a plus : elle produira tous les effets utiles que la confultation attribue fauffement à ce tribunal defpotique & meurtrier, qualifié par elle de *cenfure*, & elle n'en aura aucun des inconvéniens, ou du moins ils ne feront que paffagers.

L'homme devenu suspect ne sera pas plus exclus de ses fonctions publiques, parce qu'il ne peut l'être que par l'autorité publique, *& après la forfaiture jugée* : il ne le sera pas même des assemblées, parce qu'elles ne peuvent se tenir qu'en vertu des Loix, & que tout citoyen qui n'est pas frappé d'une proscription légale doit y être admis : mais il y essuyera des désagrémens, des affronts pires qu'une proscription ; s'il s'asseoit sur un banc, il verra bientôt ce banc déserté, comme il arriva à *Catilina* au *Capitole*. Les *Sénateurs* de *Rome* valoient bien tous les *Maîtres* qui ont signé la consultation sur la *Discipline*. Ils ne rayerent point *Catilina* de leur *Tableau* : mais ils le laisserent seul du côté où il s'étoit assis. Le furieux incendiaire ne put soutenir cet affront, & s'exila lui-même du sanctuaire qu'il souilloit. Voilà l'espece de punition & de censure qui est au pouvoir des Compagnies : voilà ses effets à l'égard du coupable.

Si au contraire, comme il n'arrive que trop souvent dans ces Compagnies, elle a eu pour objet un innocent, que l'envie ait décrié, un homme juste que la calomnie ait noirci, le premier moment sans doute sera douloureux pour lui ; mais soutenu du témoignage de sa conscience, il continuera à se justifier par une conduite irréprochable ; les circonstances changeront ; la haine se lassera, ou plutôt s'attachera à d'autres objets : les honnêtes gens (car il y en a toujours dans toutes les Compagnies) suivront sa conduite : ils réfléchiront sur les raisons & ses procédés : ils rougiront des manœuvres dont ils auront été les agens sans s'en appercevoir : ils reviendront, ils feront revenir les autres : une absolution flatteuse & honorable au Corps sera le prix de cette utile patience. Il se sera épargné à lui-même une injustice,

& confervé un membre qui l'honore , ainfi qu'à la
fociété un citoyen qui la fert.

Mais fi vous attachez , même à vos plus effrayantes méprifes , le droit terrible de l'infaillibilité ; fi
l'infortuné une fois réprouvé par vous eft irrémiffi-
blement condamné à la mort , & exécuté ; s'il ne
lui eft pas même permis de mettre des bandages
fur fes bleffures , & qu'il faille abfolument qu'il ex-
pire fous le coup dont vous l'avez frappé , même
injuftement , quelle reffource refte-t-il parmi vous
à l'innocence compromife par l'impofture ?

C'eft cependant celui que les Avocats prétendent avoir depuis un tems immémorial. Il faut
voir comment ils juftifient cette prétention.

CONSULTATION

Sur la Discipline

DES AVOCATS,

Imprimée chez Knapen, en Maï 1775.

LE CONSEIL SOUS-SIGNÉ, *consulté par les Avocats de Poitiers, sur cette question : Si le sieur Roblein, reçu avocat, a droit de les actionner pour les obliger à l'inscrire sur leur Tableau : EST D'AVIS, que la prétention du Sr. Roblein ne peut devenir l'objet d'aucune action contre eux.*

REPONSE.

VOICI l'objet apparent de cette Consultation.

D'après l'Arrêt du 29 Mars, la Compagnie des Avocats de *Poitiers* a cru pouvoir faire usage du despotisme qu'il sembloit autoriser. En conséquence elle a refusé d'inscrire sur son Tableau le sieur *Roblein*, sans vouloir rendre raison de ses motifs. Le fieur *Roblein* s'est pourvu au Parlement. Les Avocats de *Paris* n'ont pas manqué de venir au secours de leurs imitateurs. C'est à cette occasion qu'a été donnée cette *Consultation*. En voici le succès.

Dès qu'elle a paru, le Parlement s'est empressé de proscrire les principes qui y sont développés. Le fieur *Roblein* a été inscrit au *Tableau de Poitiers*, par Arrêt du 28 Juin 1775, sur les Conclusions de M. l'Avocat Général d'Aguesseau.

CONSULTATION.	*REPONSE.*

C'eſt une prérogative qui a appartenu de tout temps dans le Royaume, aux Compagnies d'Avocats qui exercent librement leur miniſtere, de rejetter de leur ſein tous ceux qui ont violé les loix de l'honneur, ou les régles particulieres de leur état.

Il ſemble pourtant que ce n'eſt pas tout-à-fait la même choſe; *violer les loix de l'honneur* eſt un crime : violer les *régles particulieres d'un état,* n'eſt qu'une *faute.* Dès le premier pas les Conſultans s'égarent; & dans quelle matiere ?

Les Magiſtrats ont toujours conſenti que les motifs qui les avoient déterminés, reſtaſſent renfermés dans l'intérieur de leur diſcipline, & ils n'ont pris connoiſſance des différens qui tendoient à la compromettre, que pour la venger avec éclat.

Toujours ! Le ſuccès de cette Conſultation, l'Arrêt rendu en faveur du ſieur Roblein, prouvent le contraire.

Nous allons développer ſur cette matiere les grands principes qui forment la baſe de notre miniſtere. Ils ne ſont point conſignés dans des écrits, le dépôt s'en eſt conſervé dans nos cœurs.

Eſt-il bien vrai que ce ſoit l'Ordre qui va parler ? Avoue-t-il les Apôtres qui prétendent ici venger ſes droits, & prêcher ſa doctrine ? Mon cœur ſe refuſe à le croire. La ſuite nous apprendra ce qu'il en faut penſer.

Une tradition auſſi ancienne que les Tribunaux

Auſſi ancienne que les Tribunaux ! Quelle mo-

CONSULTATION.

nous a transmis notre dis-cipline & nos usages. C'est pour la première fois que nous allons les expo-ser aux yeux des Magis-trats & du Public.

REPONSE.

dération ! Pourquoi n'a-voir pas dit antérieure aux Tribunaux & mê-me à la création du mon-de ? Les principes que l'on va voir paroissent en effet avoir précédé

toutes les loix, toutes les régles, & même toutes les notions de vérité, de justice, & d'honneur.

Ce sujet n'est pas seule-ment important pour tous les Avocats du Royau-me, mais il intéresse en-core, nous osons le dire, l'ordre public & tous les Citoyens.

Cela est vrai : & c'est à cause du grand inté-rêt qu'il présente, qu'il faut une bonne fois l'ap-profondir.

La profession d'Avocat n'existe que par la con-fiance. Le serment qu'on prête dans les Tribunaux en donne le titre. L'opi-nion publique peut seule en donner l'exercice.

La profession d'Avo-cat existe par la *volonté du Prince,* qui en donne le titre. *Le serment* prê-té dans les Tribunaux, confére la *faculté de l'e-xercer devant eux.* L'opi-nion publique n'en don-

ne que *l'occasion.* Ainsi au second pas, voilà sur la nature même de la profession d'Avocat, encore une méprise.

Il y a plus : on peut y trouver une énorme in-conséquence. Si l'opinion publique *peut seule don-ner l'exercice,* elle peut donc seule aussi l'ôter : alors ce ne seroit plus à l'*Ordre,* mais au public qu'appartiendroit le droit de faire le *Tableau.* Et dans le fond , il n'y auroit peut-être pas d'autre moyen pour avoir de véritables Avocats. Du temps de *Cicéron* & d'*Hortenſius* , il n'y avoit point de *Tableau.* Couvert de honte lui & ſon Client , le Défenſeur de *Verrès* n'auroit point eu la ſatisfaction de ſe venger de ſon rival victorieux , en contribuant à l'exclure de la *tribune.*

CONSULTATION.	REPONSE.
Les Avocats ſont prépoſés à la garde & à la défenſe de l'honneur, de la vie & de la fortune des Citoyens.	Et pour les rendre capables de remplir ce miniſtere, il faut qu'on puiſſe à eux-mêmes leur enlever ſans forme de procès *l'honneur & l'état.*
Pour qu'ils PUISSENT EXERCER LEUR MINISTERE AVEC FRUIT , *il faut que leurs Cliens s'abandonnent à leur foi , qu'ils ne craignent point d'ouvrir leur ame toute entiere à leur défenſeur , & de dépoſer leurs ſecrets dans ſon ſein, comme dans un ſanctuaire inviolable. Ils doivent négliger avec lui ces précautions qu'on prend dans les affaires ordinaires, contre la fragilité ou la méchanceté ſecrete des hommes : elles glaceroient le zele, elles l'enchaîneroient , & feriont*	Ce paſſage pourroit donner lieu à bien des réflexions. 1°. Dans ce qu'il contient de raiſonnable, il n'y a pas un mot qui ne puiſſe également s'appliquer à l'*Ordre* des Procureurs, qui n'en font pas réſulter de ſi fieres prérogatives. 2°. Qu'eſt-ce donc que ces grandes confidences, déſignées ici avec tant de myſtere & d'appareil tout-à-la-fois ? Si elles ſont malhonnêtes , un Avocat ne doit pas les recevoir : ſi elles ſont honnêtes, il ne faut pas tant

CONSULTATION.   *REPONSE.*

roient dégénérer en un tra-   tant de précautions pour
fic mercénaire une inti-   en a*ſ*urer le ſecre*t*.
mité qui ne doit avoir   3°. Ne diroit-on pas
que l'honneur pour baſe.   que les Conſultans ſe regardent ici comme les
Médiateurs de ces grands intérêts, deſquels dépend le ſort des Empires ? Il ne faut pas traiter
avec eux comme dans *les affaires ordinaires* ?
Et quelles ſont donc les affaires dont ils traitent ?
Ne ſont-ce pas des *ſucceſſions*, des *mariages*, des
contrats de vente, *d'achat* ? Aſſurément ce ne ſont
pas là des affaires bien extraordinaires ? Sur ſix
cens Avocats, il n'y en a pas dix qui en aient
traité d'autres dans le cours de leur vie.

    4°. Qu'entendent les Conſultans par ces *précau-*
tions qu'il faut négliger avec eux, de peur de les
glacer, de les *enchaîner*, de faire *dégénérer* leur
zele ? C'eſt celle de tirer des *récépiſſés* des pieces
qu'on leur confie, & des *quittances* de l'argent qu'ils
exigent ; leur maxime inviolable, comme ils vont
le dire, c'eſt qu'ils n'en doivent jamais donner :
voilà une des *regles particulieres* de leur *état*, dont
l'infraction eſt punie des mêmes peines que *celle des*
Loix de l'honneur, & qu'ils croient par conſéquent
interdites à un *honnête-homme* : maxime ſéditieuſe,
qui choque des loix ſolemnelles, promulguées par
le plus juſte, le plus ſage, le plus révéré de nos
Rois, le bon, le grand *Henri IV* ; maxime fauſſe,
plus propre à néceſſiter des ſubterfuges, que des
ſcrupules, plus favorable à l'hypocriſie qu'à la délicateſſe ; maxime abſurde, qui tend à dégrader une
Compagnie reſpectable, appellée à remplir auprès
du Trône les mêmes fonctions que rempliſſent les
autres Avocats auprès des Juriſdictions ordinaires,

ceux du plus grand nombre des Cours du Royaume
qui donnent des *quittances* ; & les Magiftrats mêmes
qui ne fe chargent au Greffe des pieces dont ils font
Rapporteurs, qu'en donnant des *récépiffés* ; maxime dangereufe, qui ne peut produire aucun bien,
& peut couvrir tous les abus ; maxime imprudente,
qui autoriferoit à croire que fes inventeurs ont fon-
gé bien moins à s'interdire l'infidélité & la con-
cuffion, qu'à en cacher les traces, s'il leur arri-
voit d'en commettre ; car enfin, jamais un dépo-
pofitaire exact n'a cru s'avilir en conftatant la confiance qui l'honore, & quand un honoraire n'eft
pas exceffif, on n'a jamais à rougir de l'avoir reçu. Que penfer des motifs qui font dire aux Confultans que cette obfcurité myftérieufe leur eft néceffaire *pour qu'ils puiffent exercer leur miniftere*
AVEC FRUIT.

<table>
<tr><td>

CONSULTATION.

De là vient que lorf-
que les actes les plus im-
portans, des titres origi-
naux, & dont la perte
feroit irréparable, *font*
confiés à la foi des Avo-
cats, ils n'en donnent
jamais d'autres garans
que la probité attachée
à leur miniftere.

</td><td>

REPONSE.

C'eft un grand abus :
d'abord parce que dans
fix cens Avocats il peut
s'en trouver quelques-
uns capables d'une pré-
varication. 2°. Parce que
certainement ils s'en trou-
ve de peu foigneux,
qu'alors le client peut
être la victime d'une
négligence. Du moins ne

</td></tr>
</table>

faut-il pas expofer le dépofitaire à la tentation de
s'abfoudre lui-même d'un mot, de balancer entre
fa confcience qui le condamne à la reftitution, &
fa fortune qui en feroit renverfée. 3°. Un Avocat
peut mourir fubitement, & avoir des héritiers

moins délicats que lui ; alors quel fera le recours des Cliens, dont les pieces fe feront perdues dans le cabinet du défunt ? On ne finiroit pas fi l'on vouloit entrer dans le détail de tous les abus que cet étrange ufage entraîne ; & s'il fe trouvoit enfin que le vrai motif de cette obftination à ne vouloir pas donner de *récépiffés* des pieces qu'on leur confie, fût.... Ah, parlez, Plaideurs, qui avez fubi cette épreuve, & dites-nous fi elle avoit pour objet de vous laiffer la liberté d'être ingrats.

CONSULTATION.

Comme il faut fur-tout que la religion des Juges foit inftruite, & que les deux Parties foient défendues ; les Avocats fe communiquent réciproquement les titres de leurs Cliens. Ces titres paffent des mains de leurs Défenfeurs dans celle du Défenfeur de la Partie adverfe, fous le fceau de la confiance que fe doivent entr'eux des hommes qui exercent un état dont la probité eft le premier appanage ; & ce qui prouve qu'ils n'ont pas été infideles au but de leur inftitution, & qu'ils n'ont pas démenti la pureté de leur origine, c'eft qu'il n'y a point d'exem-

REPONSE.

Il falloit dire que les réclamations ont été *étouffées*, ou que quand elles ont été hafardées, elles n'ont pas réuffi, *faute de preuve.* Mais cela même en donne une nouvelle du danger de ce prétendu privilege. Comment pourfuivre une reftitution ou la prononcer contre des gens qui ne permettent pas que l'on acquierre contre eux le moindre indice du dépôt ? Le préjugé en faveur de la délicateffe des *Avocats* feroit peut-être bien plus fort, s'ils donnoient des *récépiffés*, & qu'on n'eût jamais été dans le cas d'en faire ufage.

Au refte, il y a bien

CONSULTATION.

RÉPONSE.

ple qu'aucune prévarica-tion, qu'aucun foupçon *même, dans une matiere fi délicate, ait jamais por-té atteinte à l'honneur de leur profeffion.*

de l'imprudence à dire *qu'aucun foupçon* n'a ja-mais donné lieu, dans une matiere *fi délicate;* les Tribunaux, il y a deux ans, ont encore retenti d'une réclama-tion juridique de ce genre. On n'a pas oublié qu'un Avocat ayant été follicité de la foutenir, & n'ayant point eu la prudence d'annoncer affez-tôt qu'il ne s'en chargeoit pas, le reffentiment à cet égard eft devenu l'une des caufes de toutes les perfécutions qu'il a effuyées depuis. Et cet Avocat, c'eft moi.

Quoi qu'il en foit, appréciez l'efprit & la mar-che de la Confultation. Toutes les prérogatives qu'on y reclame tiennent à la néceffité de mainte-nir chez les Avocats de Paris un ufage formelle-ment profcrit par les Loix; contraire à toutes les idées fociales, & indécent même à propofer. Il faut qu'ils aient le droit de perdre qui il leur plaît de leurs Confreres, quand il leur plaît, fans raifon, fans forme de procès, & cela pour leur conferver celui de difpofer arbitrairement des pieces dont dépend le fort des autres Citoyens, des titres dont la perte feroit irréparable.

La Loi a écarté les Parties du Sanctuaire de la Juftice, & a voulu qu'elles fuffent défendues par les Avocats.

Si cela eft vrai, le Mi-niftere des Avocats ceffe donc d'être libre : il eft forcé: l'engagement doit être réciproque : puifque la Loi forceroit les Par-ties à fe fervir d'eux, elle doit donc les forcer auſſi à ſervir les Parties. Leur retraite, ſous quelque prétexte qu'elle fût motivée, ne ſeroit pas ſeulement une trahiſon ; ce ſeroit une révolte. La Conſultation qui n'eſt deſtinée toute entiere qu'à démontrer le droit qu'ont les Avocats de refuſer leur miniſtere, n'eſt plus qu'une longue & criminelle inconſéquence.

Mais elle en contient tant d'autres, que je puis leur faire grace de celle-là. Ici les Conſultans calomnient la Loi, pour avoir le plaiſir de dire une abſurdité de plus. Rien n'eſt plus faux que leur principe. Il n'y a pas de Loi qui écarte les Parties de ce Sanctuaire : il ne peut pas y en avoir : une Loi pareille ſeroit trop contraire au droit naturel. L'uſage ſeul a introduit l'habitude d'employer des Avocats, & l'eſpérance d'être mieux ſervi par eux que par ſoi-même, a inſenſiblement conſacré cet uſage qui ne lie cependant que ceux qui le veulent bien. Mais quand cette Conſultation a été donnée, un exemple célebre en ce genre alarmoit le Barreau. On craignoit qu'il ne trouvât des imitateurs : voilà ce qui a engagé les Conſultans à prêter à la Loi un mouvement & une volonté qu'elle n'a jamais eus.

. . . .

. . . .

<table>
<tr><td>

CONSULTATION.

Les Magiſtrats guidés par les mêmes principes de confiance, que le Miniſtere des Avocats doit univerſellement inſpirer, ne balancent pas à adopter les Jugemens dont les

</td><td>

REPONSE.

Un Avocat qui feroit une pareille déclaration ſans l'aveu de ſa Partie, feroit un prévaricateur; s'il ne trouve pas de *moyens*, il doit rendre la Cauſe, & non pas

</td></tr>
</table>

CONSULTATION. **R E P O N S E.**

Avocats font convenus entr'eux, & à fuivre la foi d'un Avocat qui déclare qu'il n'a pas trouvé de moyen pour défendre la Caufe dont il eft chargé.

livrer fon Client à fon adverfaire. S'il la fait de l'aveu de la Partie, il y a peu de gloire à tirer de ce que les Juges ne *balancent pas* à l'adopter : d'ailleurs il n'y a encore rien là qui ne convienne & même bien mieux aux *Procureurs.*

La pureté inaltérable qu'une fi grande confiance exige, n'a pu fe maintenir dans l'Ordre des Avocats, qu'à la faveur de la difcipline qu'il exerce fur fes Membres.

La pureté inaltérable qui honore la Compagnie des *Avocats aux Confeils*, prouve que la difcipline des *Avocats au Parlement* n'eft pas néceffaire pour la maintenir. Dira-t-on que les premiers ne font pas *Avocats*, qu'on ne leur confie pas des *intérêts précieux*, des titres dont la *perte feroit irréparable ?* Ils ont une police févere fans doute ; mais elle n'eft pas fondée, comme celle dont on va voir le tableau, fur le délire du defpotifme le plus étonnant qui ait jamais exifté.

Les Détracteurs de cette difcipline, s'il en exifte encore, font bien aveugles de ne pas voir qu'elle renferme beaucoup plus d'utilité pour le Public, que d'avantages

Ne vous enorgueilliffez pas de cet avantage, & fur-tout n'en félicitez pas le public. Ce font les Cliens qui font tous les frais de votre vertu, ce font eux qui en

CONSULTATION.

pour nous. Tous nos Concitoyens en profitent, & nous seuls en portons tout le poids.

C'est un frein que nous avons de plus qu'eux : ce sont les chaînes de l'honneur que nous nous glorifions de porter.

Si on nous privoit de notre discipline, si on ôtoit cette seule barriere qui puisse être opposée à l'iniquité dans notre état.

S'il suffisoit, pour être appellé à notre Ministere de n'avoir pas été flétri par une condamnation, les plus justes alarmes se répandroient parmi les Citoyens assez éclairés pour en sentir les conséquences.

REPONSE.

courent tous les risques.

Et quelle est la Société où l'on ne porte pas ces chaînes ! Les Consultans ont un étrange mépris pour le genre-humain.

La seule ! Quoi ! la seule barriere qu'on puisse opposer à l'iniquité dans l'état d'Avocat, c'est le pouvoir de la commettre impunément ! Je ne voudrois pas ici faire à beaucoup d'honnêtes gens qui l'exercent, l'affront de croire que la nécessité de donner des récépissés fût en effet *la seule* ; mais eux-mêmes du moins conviendront que c'en seroit une seconde.

Au milieu de la modération apparente de cet écrit, il est plein de traits tels que celui-ci, plus sanglants mille fois, que ceux dont les hommes qui l'ont muni de leurs signatures, ont paru si violemment révoltés.

CONSULTATION.

Quel eſt notre but, lorſque nous paroiſſons jaloux de notre diſcipli-ne ? c'eſt d'empêcher que l'ombre même du crime ne puiſſe habiter parmi nous. Lorſque nous avons été inſcrits ſur le Tableau, nous avons con-tracté l'engagement de nous ſoumettre au juge-ment de nos Confreres, ſur la plus légere accuſa-tion qui nous ſeroit in-tentée ; de marcher tou-jours d'un pas ſi ferme & ſi aſſuré, dans les voies de la vertu, qu'aucun ſoupçon ne pût s'élever ſur notre Miniſtere ;

REPONSE.

Si c'eſt-là l'engagement que vous contractez, c'eſt une énorme impru-dence, contre laquelle l'honneur même vous forceroit à reclamer. Il y auroit de la folie à jurer qu'on ne ſera ja-mais l'objet *du ſoupçon*, parce que le ſoupçon peut venir d'une fraude étrangere dont nous ne ſommes pas les maîtres. Tout ce qu'un homme honnête & ſage peut promettre, c'eſt de ne jamais donner lieu à un ſoupçon fondé : or cet engagement lui laiſſe, lui aſſure la reſſource de la diſcuſſion, quand on

l'accuſe. On ne promet pas de n'être jamais ma-lade : on ne peut point promettre de ne pas eſſuyer de calomnie.

Et de conſentir à être plutôt ſacrifiés comme des victimes innocentes à l'honneur de notre Ordre, que d'y reſter avec une probité qui auroit paru environnée de quelques nuages.

Qui auroit paru ! Il n'y a pas un Avocat au monde, qui, ſommé de déclarer ſur ſon hon-neur, ſur ſa conſcience, ſi c'eſt-là à quoi il a en-tendu ſe ſoumettre en embraſſant cette pro-

feffion , ne fe récriât avec horreur ; à moins
que ce ne fût un de ces hommes qui n'ont rien
à perdre, devenus invulnérables à force de bleffures ? Penfer autrement , ce feroit faire dépendre fon honneur & fon exiftence des égards de la
calomnie. L'Ordre qui exigeroit des récipiendai-
res un pareil ferment , feroit le plus monftrueux ,
le plus tyrannique de tous les Corps , & tout à la
fois le plus extravagant. Pour le réduire à rien ,
pour l'anéantir, il fuffiroit donc d'en calomnier
fucceffivement tous les Membres. Il ne pourroit
être compofé que d'hommes infenfibles à l'honneur , puifqu'il ne leur feroit pas permis de défendre leur réputation ; puifqu'à *l'apparence* d'un
nuage élevé fur leur probité, ils feroient obligés
de fe facrifier eux-mêmes, & de paffer condamnation : ce honteux dévouement eft contraire à
la Loi naturelle : il l'eft à celle des Sociétés : il
l'eft à celle de la Religion. L'Ecriture qui exige le
facrifice de l'amour - propre, qui commande l'a-
néantiffement des paffions , ne permet pas d'ou-
blier le foin de la gloire & de l'honneur. *Curam habe
de bono nomine,* dit le Sage. Les quinze Confultans feront de tous les hommes les feuls qui auront jamais ofé hafarder la maxime contraire.

Quel eft le véritable engagement contracté par
un Avocat qui fe laiffe mettre fur le Tableau ? Je
l'ai dit en plaidant le 11 Janvier : « Vous avez
» droit de prononcer fur mon fort en premiere
» Inftance : Vous avez fur moi ce droit, comme
» je l'ai fur vous. En entrant dans cette Affocia-
» tion refpectable, j'ai confenti, *fi je manquois
» aux Loix de l'honneur,* qui en eft le lien , de
» vous prendre pour Juges : oui pour Juges ; mais
» non pas pour affaffins ; & fi le meurtre , même
» d'un criminel, fans formalités, eft un affaffinat,

[26]

» que fera donc celui d'un innocent ?
» Quand j'ai employé ma jeuneſſe ſous la ſau-
» ve-garde des Loix , à me rendre digne d'un
» Etat pénible & utile au Public , ce n'a pas été
» pour courir le riſque de me voir dans l'âge
» mûr, exclus de cet Etat , exclus par un capri-
» ce odieux, exclus avec une ignominie qui me
» fermeroit l'entrée de tous les autres, en ſuppo-
» ſant que j'euſſe des talens univerſels. Il faut un
» délit pour motiver cette mort rigoureuſe. »

CONSULTATION.

On trouvera ces regles très-ſéveres ; elles paroiſ-ſent telles auſſi à nos yeux ; elles ſont propres à nous faire trembler , & à mêler bien de l'a-mertume à nos travaux dans les affaires épineu-ſes dont nous ſommes quelquefois chargés ; mais nous les jugeons néceſſai-res. *Telle eſt la nature des liens que notre Miniſtere forme entre ceux qui l'exercent , qu'il eſt auſſi eſſen-tiel à un Avocat d'avoir la confiance de ſes Con-freres , que celle de ſes Cliens. Notre objet étant en-core plus de* manifeſter la vérité , que de faire triompher la cauſe que nous défendons.

Nous agiſſons entre nous avec une confiance digne d'un ſi noble but : c'eſt par là que nous ſom-mes Confreres.

REPONSE.

Ceci eſt une forfan-terie de vertu , qu'il ne faut pas haſarder dans des écrits ſujets à contra-d ction. Pourquoi donc les plus mauvaiſes Cau-ſes trouvent - elles des défenſeurs ?

On ne peut donc ceſ-ſer d'être *votre Confrere,* que quand on a man-qué à cette *confiance ,* ou qu'on a prouvé par des traits étrangers , qu'on en est indigne ; mais ces traits qui eux-mêmes après tout n'établiroient qu'un soupçon, une probabilité, peuvent-ils être crus sur des soupçons, sur des probabilités ? Si un tel homme a manqué de parole à son ami, il est vraisemblable qu'il manqueroit de fidélité envers son Confrere, sans doute : mais avant de le punir de la conséquence, vérifions au moins le principe, & constatons si en effet il est coupable envers l'amitié.

CONSULTATION.	*REPONSE.*

Notre discipline est le gage de cette sécurité parfaite dont nous avons besoin dans la libre communication des titres de nos Cliens ; sécurité qui fait notre gloire, & que nous sommes jaloux d'inspirer tous au Public.

De là suit pour vous l'obligation stricte, indispensable de ne déployer la rigueur de votre discipline qu'envers ceux qui seroient capables d'abuser de cette communication, de faire un dangereux emploi de cette sécurité. Dès que votre défiance a un pareil but, l'homme que vous écartez est donc déclaré prévaricateur ? Il est deshonoré. Pour prononcer cette mort civile, il faut donc un examen approfondi, des preuves rigoureuses, des démonstrations évidentes. La raison dit, que plus une condamnation est honteuse, plus elle doit être motivée. Ce n'est pas là le raisonnement des Consultans : dans leurs principes, la légéreté de l'exclusion doit être proportionnée à la gravité de ses effets.

Au reste, ce n'est pas d'aujourd'hui que les Jurisconsultes raisonnent ainsi, ni dans leurs affaires seulement. *Menochius , Julius Clarus , Farina-*

cius, examinent méthodiquement l'*adultere* : c'eſt un crime, diſent-ils, *qu'il eſt très-difficile de prou-ver* : on croit qu'ils vont en conclure qu'il faut très rarement en admettre l'accuſation en Juſtice : point du tout , ils aſſurent que c'eſt une raiſon pour les Juges *de ne ſe pas rendre difficultueux ſur la preuve.*

<table>
<tr><td>

CONSULTATION.

</td><td>

RÉPONSE.

</td></tr>
<tr><td>

Vouloir nous contrain-dre à communiquer avec ceux que nous aurions cru ne devoir plus re-connoître pour Confre-res , ce feroit ſapper la baſe de notre Miniſtere.

</td><td>

Pourquoi donc ? Dans votre Miniſtere : il n'eſt pas queſtion de *Confra-ternité.* Il y eſt queſtion d'attaque & de défenſe.

</td></tr>
<tr><td>

Nos droits ſont à cet égard les mêmes que ceux des Parties.

</td><td>

Vos droits *ſont les mêmes que ceux des Par-ties !* Qu'a donc à faire cette préſendue Con-

</td></tr>
</table>

fraternité entre vous ? Eſt-ce que le pauvre qui re-clame contre l'oppreſſion eſt *Confrere* du riche qui l'écraſe ? Eſt-il plus néceſſaire que celui qui le dé-fend ſoit lié par la Confraternité avec celui qui combat pour ſon ennemi ?

Vos droits ſont les mêmes que ceux des Parties ! Mais les Parties ont - elles celui d'exclure leurs Adverſaires du Barreau , de leur fermer la bouche arbitrairement ? Si elles ne l'ont pas , comment , vous qui les repréſentez , vous qui ne pouvez faire que ce qu'elles feroient , qui n'avez que leurs droits , oſez-vous revendiquer celui qui leur eſt eſſentiellement , néceſſairement interdit par la nature même des choſes.

Vos droits font les mêmes que ceux des Parties !
Mais un de leurs droits eft celui de choifir librement l'homme qu'elles veulent honorer de leur
confiance. M. le Maréchal de B.... en remettant
fes intérêts à Me *Gerbier*, à Me *Target*, en avoit
fait ufage. Comment s'eft-il fait que la Comteffe
de Béthune en a été privée ? M. le Maréchal
de B.... auroit-il pu exiger ce facrifice de fa Belle-
Sœur ? Non fans doute. Par quelle fatalité Me *Gerbier* & Me *Target*, qui n'avoient que les droits de
M. le Maréchal de B...., ont-ils eu des pouvoirs
que leur commettant n'avoit pas ? S'il peut être
ici queftion de raifon, les Confultants qui ont fi-
gné cet étrange Ecrit, oferont-ils jamais lever les
yeux devant quiconque l'aura lu.

CONSULTATION.　　*REPONSE.*

Il feroit auffi injufte d'y porter atteinte, que de forcer un Citoyen à remettre fes intérêts les plus importans entre les mains d'un défenfeur qui lui feroit devenu fuf- pect.

Quel parallogifme ! Si l'on me force à re- mettre ma Caufe entre les mains d'un Défen- feur qui m'eft fufpect, on m'expofe à la perdre : on me fait une violence inique : on contraint ma confiance : mais qu'im-
porte encore une fois à mes intérêts, à moi, que le Défenfeur que j'ai choifi foit fufpect à celui qui prodigue fes fecours à mon Adverfaire ? Quand deux Puiffances font en guerre, font-elles fort jaloufes de voir régner une bien grande union entre les armées levées refpectivement pour dé- fendre les intérêts qui les divifent ? Les Parties qui fe fubftituent des Avocats, doivent-elles defirer entr'eux tant de dépendance les uns des autres ?

Sans doute il faut que l'honneur les enchaîne dans les combats qu'ils se livrent. Les surprises leur sont interdites, & par conséquent bien plus encore les trahisons. La guerre du Barreau, où il ne doit être question que de *Loix*, de *justice*, de *raison*, n'admet pas même les stratagêmes, les ruses que tolèrent ces terribles plaidoieries, où l'on ne s'explique qu'avec du canon & des tambours. Voilà les regles qu'un Avocat doit respecter : s'il les viole, il faut le dégrader, le casser : mais il y auroit un très-grand danger & même de la folie à lui donner pour Juges uniques, ses rivaux, ses concurrens.

Qu'en résultera-t-il ? Que dans une affaire à laquelle un homme puissant sera intéressé, il commencera par attaquer le bras de son Adversaire, afin de s'emparer plus aisément d'une proie qui ne sera plus défendue ; il se servira des passions dont un Corps tel que celui des Avocats est nécessairement agité, pour perdre le Patron incorruptible qu'on lui oppose ; ou bien celui-ci menacé, se soumettra à une retraite prudente, à des ménagemens qui feront une véritable perfidie. Qui sçait à combien d'innocens cette affreuse police, cette meurtriere discipline a pu coûter, & coûtera, si elle est conservée, les biens, l'honneur & la vie ?

Que seroit devenu le C. de M. si l'avenir, dont aucun danger ne m'échappoit, m'avoit intimidé ? Les ames froides ont trouvé mon expression presque ridicule, quand au milieu des factions qui se réunissoient pour le perdre, j'ai osé dire que je serois, s'il le falloit, le *Curtius* qui acheterois son salut par mon dévouement. Eh bien, cette image, qui blessoit les yeux alors, est-elle si chimérique aujourd'hui ? Le gouffre ne s'est-il pas fermé pur

le C. de M. ? N'a-t-il pas englouti fon Défenfeur ?
Quel exemple pour quiconque auroit jamais les
mêmes devoirs à remplir, & les mêmes périls à
braver ! Et vous dites, ô Avocats de Paris, que
vous êtes prépofés à la *garde & à la défenfe de
l'honneur, de la vie & de la fortune des Citoyens !*

CONSULTATION.	REPONSE.

En vain ceux qui, après avoir embraffé l'auftérité de nos regles, voudroient enfuite s'y fouftraire, allégueroient-ils cette grande maxime, qu'un Citoyen ne peut être privé de fon état qu'en obfervant les formes prefcrites par les Ordonnances, & à la charge de l'appel aux Tribunaux, *dépofitaires de l'autorité du Souverain.*

C'eft ici que la furprife, & peut-être l'indignation, vont augmenter.

Elle ne peut point recevoir ici d'application. Et qui donc l'a décidé ? La Profeffion d'Avocat eft un état, ou elle n'en eft pas un. Si elle n'en eft pas un, on ne peut pas l'ôter : alors malgré toutes les *radiations* du monde, il n'y a perfonne qui n'y puiffe prétendre. Si c'en eft un, pourquoi donc *la grande maxime* qui défend de l'enlever à un Citoyen, fans *forme*, fans *appel*, ne pourra-t-elle pas recevoir ici d'application ? Pourquoi de tous les hommes qui vivent en fociété, un Avocat fera-t-il le feul pour qui la Juftice, l'innocence, les Tribunaux, les Loix, ne puiffent rien ? Quel intérêt auroit donc une affociation humaine quelconque d'adopter de fi effrayans principes ?

Il y a en France treize Parlemens, plufieurs,

Cours fupérieures, une infinité de Bailliages. Tous ces Tribunaux font honorés par des Compagnies qui y rempliffent, à l'abri des Loix, les fonctions d'Avocats. Qu'on en trouve une feule qui donne aujourd'hui fa fanction à cet étrange code. Je vais plus loin ; qu'on trouve un feul de leurs Membres bien famé, un feul Avocat au monde, même de ceux qui ont le plus de liaifon avec Paris, qui figne la Confultation fans reftriction ; qui dife je fais profeffion de croire qu'un Avocat peut être privé de fes fonctions, fans *examen*, fans *preuves*, fans *recours aux Tribunaux*, fur un *fimple foupçon* ; je confens d'être ainfi traité, & j'obéirai fans murmure ; qu'on en trouve un, un feul, je me retire à l'inftant, & j'abandonne ma reclamation.

CONSULTATION.

Il y a une différence effentielle entre une procédure tracée par les Loix, & une délibération fondée fur les mœurs.

Entre un Jugement qui prive un Citoyen de fes droits civils, & une réfolution d'une Société particuliere de ne plus communiquer avec un de fes Membres.

Lorfque les Cenfeurs Romains excluoient un Sénateur de cette affemblée qui gouvernoit les Nations,

REPONSE.

Obfervons ce principe ; il eft précieux : *il y a une différence effentielle.*

La *radiation du Tableau* ne prive apparemment pas un Citoyen de fes *droits civils*. Qu'entendent donc les Confultans par ces mots ?

La *Cenfure Romaine* étoit une Magiftrature confacrée par les Loix. Ses abus même, fi elle en

CONSULTATION.	RÉPONSE.

Nations & qui jugeoit les Rois, ceux qui avoient essuyé cet opprobre n'étoient point reçus à pourfuivre des Accufateurs, à prendre des Témoins à partie. L'Hiftoire nous apprend que tous les Ordres de ce Peuple-Roi courboient la tête en filence fous le joug de cette Magiftrature fi révérée, qui fut long-tems le plus ferme appui de la République, contre les défordres qui la firent enfin fuccomber.

en produifoit, comme il eft probable, étoient la compenfation du bien de la liberté. Sa févérité d'ailleurs avoit des adouciffemens, & même laiffoit des reffources. Les Cenfeurs n'étoient en charge que deux ans. Leurs fucceffeurs pouvoient rétablir ce qu'ils avoient détruit. Il y avoit mille moyens de remonter, fans eux, au rang dont on étoit déchu par eux. Un Sénateur qu'ils avoient dégradé n'étoit exclus d'aucun emploi. Il devenoit *Prêteur, Edile*, & rentroit au *Sénat* par ces places ; enfin on pouvoit fe pourvoir par-devant le *Peuple*, contre les dégradations prononcées par les *Cenfeurs* : l'Hiftoire en a confervé des exemples.

De telles Magiftratures font incompatibles avec la conftitution d'une vafte Monarchie.

Et parce qu'elles font incompatibles, on va nous affurer qu'il faut les y reproduire.

Mais les Sociétés particulieres qui exiftent dans fon fein, peuvent imiter les inftitutions admirables des anciennes Ré-

Quoi ! les anciennes Républiques, celles de *Rome*, puifque c'eft d'elle qu'il s'agit ici, n'avoit pas pour objet

CONSULTATION.	*REPONSE.*

publiques, qui étoient moins deſtinées à aſſurer les propriétés, qu'à régler les mœurs, *& où les Légiſlateurs pouvoient négliger de marquer la peine dont on devoit punir les grands crimes, parce qu'ils avoient racé des moyens de les prévenir.*

d'aſſurer les propriétés? Quoi ! les Légiſlateurs n'y avoient pas fixé de peine pour les grands crimes ? Quoi! les Cenſeurs n'avoient été inſtitués que pour ſuppléer à cette omiſſion. Si un profane ennemi du *Droit Romain* avoit haſardé une ſemblable erreur, comme on crieroit *au Paradoxe* ! Comme les Accuſateurs & les Faiſeurs de Libelles à leur ſolde, en groſſiroient leurs extraits ! Mais ce ſont les reſpectueux adorateurs du *Droit Romain*, les inflexibles Vengeurs de la gloire des *Pandectes* à qui elle échappe. Ils ont donc oublié que la Loi des *Douze Tables* contient des peines ſéveres : ils ne ſe rappellent pas que le *Parricide* à *Rome* étoit puni d'un ſupplice plus effrayant que la roue & le feu même. Ou leur haine pour la *Littérature*, comme ils le diſent à la fin de leur conſultation, ne leur a jamais permis de lire la belle Oraiſon de *Cicéron*, pour le *Morangiés* de ce tems-là, *pro Roſcio Amerino*, ou ils m'ont fait l'honneur de compter bien fortement ſur mon ignorance en *Droit Romain*.

Il n'y a point en effet de Compagnie deſtinée à remplir un miniſtere honorable, qui admette ſans choix, ceux qui ſe préſentent pour étre reçus, & qui n'exerce ſur ſes

Cela eſt ſûr. Cela doit être. Cela eſt. Il ne s'agit que de fixer cette conſtitution, & d'après cela, les bornes & l'étendue de cette police.

Membres une forte de police *conforme à fa* confti-tution.

CONSULTATION.

Au milieu d'une Na-tion gouvernée par l'hon-neur, on entend la voix du fentiment qui repouf-fe de toutes parts un homme que la vengeance des Loix n'a pas frappé, mais qui a été flétri par l'opinion publique.

Cette même voix ex-clut un Membre corrom-pu des Compagnies qui exercent des fonctions im-portantes à l'Ordre pu-blic.

Leurs jugemens ne dif-ferent de ceux qu'on por-te dans le monde fur les mœurs & la conduite des hommes, qu'en ce qu'elles prennent des pré-cautions propres à fervir

REPONSE.

Qui a été flétri, oui encore, cela eft incon-teftable. Voyez par quels préliminaires on prépare la conféquence, c'eft-à-dire, le droit qu'ont les Avocats de procéder à une *radiation* ! & ce-pendant bientôt on vous dira du même ton dog-matique, qu'elle n'eft pas *deshonorante.*

Qui en doute ? C'eft précifément encore une fois ce qui doit rendre l'exclufion plus difficile, & affurer la protection des Loix à quiconque feroit menacé par la haine, par la jaloufie, par les cabales, infépara-bles de tout ce qui s'appelle Corps, d'y être foumis injuftement.

Ils n'en different qu'en cela ? Mais ces jugemens du monde, s'ils font in-jurieux, donnent ouver-ture à des plaintes, à l'intervention vengeref-fe des Tribunaux, & les

CONSULTATION.　　　*REPONSE.*

de barriere contre la lé-
géreté & la précipitation.　　jugemens des Avocats
　　qui n'en different que par
　　la maturité de l'examen
& des précautions, n'exigent cependant ni examen, ni précaution, ne font pas fujets à la révifion des Tribunaux.

Mais ces précautions
font toujours diftinguées　　C'eft le parallèle fui-
par des caraƈteres effen-　　vant qui eft fur-tout cu-
tiels des procédures des　　rieux.
Tribunaux.

Les Juges font les In-　　Et ce qui eft le plus
terpretes de la Loi :　　formellement　interdit
　　aux Juges, c'eft d'*inter-*
　　préter la Loi ;

Leur devoir & leur　　Ils ne doivent donc
gloire eft de fe renfermer　　pas l'*interpréter :* au ref-
fcrupuleufement dans le　　te, c'eft de cet affujet-
cercle qu'elle leur trace ,　　tiffement que naît leur
de fe refufer non-feule-　　pouvoir ; leurs décifions
ment aux erreurs quel-　　emportent-elles des ef-
quefois trompeufes du　　fets civils, parce qu'ils
fentiment, *mais à* l'évi-　　font cenfés agir d'après
dence même de leurs　　la Loi.
connoiffances perfon-
nelles, *de ne connoître que la Loi , de n'envifager*
qu'elle , & de prendre fon texte pour unique fonde-
ment de leurs oracles.

CONSULTATION.   *REPONSE.*

LES CENSEURS DES MŒURS ont leur code écrit dans leur cœur, & dans celui de tous les hommes vertueux.

On pourroit demander aux Auteurs de cette Confultation, ce qu'ils entendent par *Cenfeurs des mœurs;* ce ne font pas des *Magiftrats,* puifque, de leur aveu, la cenfure eft incompatible avec la *Monarchie.* Ce ne font pas non plus des *Juges,* puifqu'il y a une *différence effentielle* entre eux & les Tribunaux. Que font-ils donc? On va le voir.

Ils remontent, EN SI-LENCE aux *fources* DES BRUITS PUBLICS,

Mais des gens qui *remontent EN SILENCE* aux fources des *BRUITS,* font ce qu'on appelle vulgairement des *efpions?* Voilà un étrange miniftere pour des *Cenfeurs!*

Qui fe forment quelquefois des cris de l'envie & de l'impofture, mais qui fouvent auffi nous font entendre la voix de la vérité, qui s'ouvre un paffage malgré les efforts qu'on a faits pour l'étouffer.

Il fuffit que ces bruits puiffent être quelquefois caufés par les *cris de l'envie & de l'impofture* pour que d'honnêtes gens les dédaignent toujours: & qu'ils ne puiffent jamais devenir le fondement d'une condamnation.

Ils ne font point aftreints à des formalités. De quelque côté que vienne la lumiere, ils

Le voilà donc avoué, connu, authentiquement conftaté le grand principe des *Confultans*

CONSULTATION

ne balancent point à prononcer, dès qu'elle se présente à leurs yeux, & leur conviction intérieure *suffit pour autoriser leur sévérité.*

REPONSE.

de Paris. Ils ne font point aftreints à *des formalités;* de *quelque côté que vienne la lumiere,* elle fuffit pour juftifier à leurs yeux une profcription effective & irréparable ? Quoi ! des Juges, des Magiftrats, repréfentans du Prince, armés de l'autorité publique, font obligés, quand il s'agit de prononcer fur le fort d'un homme, de fe refufer *non-feulement aux erreurs quelquefois trompeufes du fentiment, mais à l'évidence même de leurs connoiffances perfonnelles !* & les prétendus *Cenfeurs,* fans miffion, fans caractere, guidés par leur feul caprice, arrêteront irrévocablement la perte d'un Citoyen, fur ce *feul fentiment,* fur ces *lueurs trompeufes,* fur ces *connoiffances perfonnelles, recueillies en filence,* fur leur *conviction intérieure, &c.* On frémit d'horreur !

Les Juges ne puniffent que les crimes; l'opprobre & l'infamie font le partage de ceux que leurs jugemens ont flétris.

Les Cenfeurs puniffent les baffeffes du cœur, les défauts de délicateffe, qui peuvent conduire au crime.

Quelles étranges diftinctions ! quelles effrayantes fubtilités ! Le crime d'une part eft-il autre chofe que *la baffeffe du cœur ?* De l'autre quelle immenfe jurifdiction s'ouvrent ici les Cenfeurs ! Quoi ! tous les *defauts* qui *peuvent* conduire au crime, font de leur reffort ! Ils ont droit de les punir d'après leur *conviction intérieure,* fans for-

malités, sur les indices *recueillis en silence !* ....
Non, la postérité ne croira pas qu'un pareil Ecrit
ait été publié au XVIIIe siecle ; & par qui ?

CONSULTATION.   *REPONSE.*

Et ne condamnent qu'à la privation d'un honneur.

Voilà l'équivoque la plus essentielle, la plus coupable, & tout à la fois la plus imprudente
de toutes celles dont est rempli cet étonnant Ecrit.
Autant les Consultans s'attachent à exagérer les
devoirs, la dignité de leur état, quand ils veulent
persuader que leur Discipline en est la sauve-garde,
& qu'il faut y sacrifier toutes les considérations
possibles ; autant ils affectent de le déprécier quand
ils insistent sur la légéreté avec laquelle il faut leur
permettre d'en priver qui il leur plaît.

Ici ce n'est qu'un *honneur* : mais qu'est-ce qu'*un
honneur* à leurs yeux ? Est-ce une de ces distinc-
tions frivoles qui n'entraînent ni devoirs, ni obligations ? qui n'influent ni sur l'état, ni sur l'opi-
nion qu'on peut avoir d'un citoyen ? Ce n'est pas
sans doute ainsi qu'ils regardent leur profession :
mais si c'est une qualité réelle, à laquelle tiennent
l'état, l'existence de l'homme qui en jouit, ou qui
la perd, comment osent-ils 1º. la soumettre au jugement de ces *Censeurs* qui, suivant eux, ne
jugent pas, & qui cependant *punissent* ; qui n'ont
pas d'autorité publique, & qui cependant *condamnent ;* & 2º. dire si lestement que cette privation est sans conséquence ? Quoi ! c'est un état
légal, un état voisin de la Magistrature, & souvent confondu avec elle, qu'on réduit ici à n'être
qu'un *honneur*, dont la privation peut s'ordonner,
sans seulement qu'on y pense ! Combien ce jeu

paroîtra cruel & indécent à quiconque voudra bien réfléchir à l'importance de la matiere qui en eſt l'objet, & au titre de ceux qui ſe le permettent.

CONSULTATION.	RÉPONSE.
Le premier objet de l'attention des Juges, eſt que le glaive redoutable dont ils ſont armés, ne tombe pas ſur une tête innocente.	Cette diſtinction ſur-tout eſt importante & ſinguliere.
Le Premier objet *des Cenſeurs eſt que la gloire des Compagnies qui rempliſſent un miniſtere honorable, ſoit ſans tâche, & que la liſte des Membres qui le compoſent,* ne préſente aux yeux des Citoyens que des hommes irréprochables.	Ainſi, ſuivant les principes des Conſultans, ſi l'on toléroit des *Cenſeurs* dans une Monarchie, leur premier objet ſeroit *la gloire de leur Compagnie* : les égards dûs à l'innocence, ne feroient que le *ſecond*, & peut-être le *troiſieme* :

car *l'intérêt du Corps* étant le premier, celui des *Cenſeurs* en particulier pourroit bien avoir encore la préférence : quelle ſublime, quelle humaine, quelle reſpectable légiſlation !

Quant à la derniere partie de cet alinéa, je me bornerai à une courte réflexion. Les Avocats prétendent être *Cenſeurs des mœurs* : ils offrent une liſte au Public. Il s'enſuivroit donc que leur liſte ou *Tableau* ne préſente au Public que *des hommes irréprochables !*

CONSULTATION.   *RÉPONSE.*

Ces fonctions étant marquées à des caractères différens, il est facile de voir que la discipline des sociétés particulieres, qui exercent sur leurs membres le jugement des mœurs, ne peut pas être sujette à la révision des Tribunaux.

Sans doute, dans ce qui ne produit pas des *effets civils*. Mais si malgré la différence des caracteres, on prétend y attacher des effets pareils; si des *Censeurs* qui ne doivent ni *juger*, ni *condamner*, ni *punir*, jugent, condamnent, & punissent; si des opinions qui ne doivent *différer* des propos publics que par la retenue avec laquelle on les hasarde, deviennent des Sentences qui produisent l'ignominie, la ruine d'un Citoyen, il est facile de voir que cette discipline abusive non - seulement peut, mais doit essentiellement être sujette à la révision des Tribunaux.

La censure présente un joug très - redoutable à ceux qui s'y sont soumis. L'égalité fraternelle adoucissant sa rigueur, peut seule la rendre tolérable. Elle donne de l'onction au zèle ; elle ôte aux reproches leur amertume.

Comment ôteroit-elle aux reproches leur amertume, si son objet essentiel est d'assurer l'impunité à l'injustice des condamnations ? Mais d'ailleurs ôte-t-elle aux cabales leur force ; à la jalousie son inquiétude ; à la haine sa fureur, au préjugé son aveuglement ? Hélas non : tout ce qu'elle ôte, tout ce qu'elle peut ôter, c'est à l'innocence le pouvoir de se défendre.

Je vais le démontrer par un fait qui ne sera pas

fufpeƈt. Les Confultans, comme on le voit, infif-
tent vivement fur le privilége qu'ils ont de *recueillir* en filence les *bruits publics*; c'eft-à dire, ces
propos répandus avec art, ces diffamations four-
des, qui prennent de la confiftance, en raifon
du foin qu'on a d'en cacher la fource; auxquelles
chaque interprete qui les tranfmet ajoute quelque
chofe de nouveau; qui femblent bientot être une
vérité, parce qu'on les retrouve par-tout, & une
vérité démontrée, parce qu'elles femblent n'avoir
point de contradiƈteurs; exhalaifons empoifonnées,
qui n'épargnent que les bouches dont elles s'é-
chappent, & noirciffent l'innocence, fouvent en
raifon de fes efforts pour s'en garantir : ils ont ufé à
mon égard de ce privilége dans toute fon étendue.

De tous les faits articulés *clandeftinement* contre
moi, le plus frappant, celui qui a paru le plus
convaincant, c'eft une anecdote, dit - on, qui
concerne un Ecrivain diftingué par des talens ac-
cueillis du Public. La célébrité du nom eft peut-
être ce qui en a donné à l'accufation; il y a mille
gens qui ont trouvé l'hiftoire inconteftable, parce
qu'elle fembloit porter fur un perfonnage connu :
car voilà comme on juge dans le monde.

Dès 1770, lors de mon admiffion au *Tableau*,
ce grief fut allégué : mais alors je ne fixois pas
les regards, j'excitois moins la haine; alors l'Ordre des Avocats exiftoit dans fa pureté : il n'a-
voit pas fubi les deux révolutions qui en ont alté-
ré les principes. Le fait fut cité hautement, dif-
cuté hautement, détruit hautement. Il ne fut queftion de rien recueillir *en filence* : l'accufation &
la réfutation furent auffi folemnelles l'une que
l'autre. Je fus mis fur le *Tableau.*

Depuis on a fait revivre ce même grief fi authentiquement anéanti : mais c'eft la méthode *fi-*

senteuse que l'on a adoptée ; c'est dans les cercles , dans les assemblées particulieres , loin de moi , qu'on a affecté de paroître y croire.

Et comme il étoit détruit sans retour par l'examen de 1770 , & l'admission au *Tableau* , on a dit qu'il ne falloit pas s'arrêter à la déclaration formelle de l'homme celébre que l'on citoit , & qui avoit , dans le temps , reconnu la fausseté de la calomnie : on a soutenu que la générosité l'avoit seule engagé à dissimuler la vérité , & qu'il avoit mieux aimé commettre un mensonge obligeant, que de se piquer d'une sincérité meurtriere. (1) Voilà les priviléges des Censeurs , & ce qu'ils gagnent à opérer *en silence.*

CONSULTATION.	*R E P O N S E.*
Si l'on vouloit enchaî-ner resserrer, dans de hon-teuses entraves un minis-tere où les opprimés doi-vent trouver un asyle , les Citoyens de tous les ordres des lumieres & des secours dans leurs affaires les plus épineu-ses , on verroit bientôt disparoître du milieu de ceux qui l'exercent , le sentiment de respect pour soi-même , pour un état qu'on desire de voir ho-norer , qui les soutient	Si en discutant cet étrange écrit , je n'avois pris la ferme résolution de réprimer les mouve-mens d'impatience que l'excès de l'injustice & l'abus de raisonnement excitent dans un cœur droit , & un esprit juste , il seroit difficile de ne pas éclater à ce passage. Quoi ! parce que le mi-nistere des Avocats doit être l'asyle des *oppri-més* , il leur sera permis d'être *oppresseurs* ! Ils

(1) Voyez à ce sujet la Lettre de M. Dorat , du premier Juillet 1775 , insérée au Journal de Politique & de Littérature , N°. 8 de 1776.

CONSULTATION.

contre les tentations de la cupidité.

En vain prétendroit-on suppléer, par une surveillance sévere, au défaut de ce sentiment qu'on auroit imprudemment étouffé, & qu'on devoit plutôt exciter par de nouveaux encouragemens. L'avidité seroit toujours plus féconde en ressources, pour se dérober au châtiment, que la vigilance du Magistrat ne trouveroit de moyens pour le réprimer ; & il suffiroit aux coupables de multiplier les fautes, pour produire la lassitude, & bientôt l'impossibilité de la punir.

Il y a cependant des abus, dit-on, dans cette discipline. Nous ne prétendons pas qu'elle soit exempte de ces caracteres d'imperfection qui sont nécessairement attachés à

RÉPONSE.

n'auront plus ni *lumieres* ni *vertus*, s'ils ne sont pas autorisés à être injustes impunément !

Qu'est-ce à dire ! La profession d'*Avocats au Parlement de Paris* donne donc un bien étrange penchant au crime, puisque si on levoit une fois la mince barriere qu'y oppose la *radiation*, les coupables s'y trouveroient en si grand nombre, qu'on n'auroit bientôt plus ni la force ni le pouvoir de les punir ? Qu'on se souvienne de ce qui a été dit plus haut par les Consultans, que la *seule barriere contre l'iniquité dans cet état*, est le droit de ne donner ni quittance de l'argent qu'on exige, ni récépissé des pieces qu'on reçoit ! *Usquequò abutere patientiâ nostrâ ?*

Impossible ! La possibilité est déja bien prouvée par le fait. Voyons comment on va prouver l'impossibilité par le droit.

*toutes les institutions humaines. Mais plusieurs per-
sonnes paroissent frappées d'un abus qui en effet
n'existe pas. Elles croient que dans une société
d'hommes, qu'un même ministere rend rivaux, il
est à craindre que ceux qui effaceront les autres par
l'éclat de leurs talens, ne soient sacrifiés à la jalousie. Ce vil sentiment, qui a souvent flétri les lau-
riers des plus grands Hommes, pourroit, sans doute, trouver accès dans le cœur de quelques-uns
d'entre nous. Mais il est impossible qu'il dicte jamais les décrets de nos assemblées, ou qu'il y ait
même aucune influence.*

CONSULTATION.

*Nous ne sommes pas tous au même terme de la carriere que nous par-
courons. Les succès de l'Orateur ne peuvent point inspirer d'envie au Jurisconsulte qui se borne à être dans la tran-
quillité de son cabinet, le conseil des citoyens & l'ar-
bitre de leurs différens. Il y a dans le Barreau diffé-
rentes spheres de travaux dans lesquelles chacun de nous se renferme, & dont il sort rarement. A peine l'Avocat le plus célebre pourroit-il compter dix ou douze con-
currens, qui se trouvent obscurcis par sa gloire,*

R E P O N S E.

Il y a bien de l'im-
prudence à s'être per-
mis de toucher cette question délicate, & à en avoir par conséquent nécessité la discussion. D'abord vous venez d'a-
vouer que vous *pouvez* être *jaloux.* Du dépit d'être obscurci par un rival à l'espérance con-
solante d'hériter de sa dépouille; de la jalousie qui fait desirer de voir bientôt sa gloire éclip-
sée, à l'envie de faire vaquer l'héritage, il n'y a qu'un pas; & vous avouerez qu'il n'est *pas impossible* que vous cé-
diez à cette terrible ten-

CONSULTATION.   *REPONSE*

qui profiteroient de sa retraite.   tation, sur-tout quand le fort de ce rival de renommée & de fortune fera dans vos mains, que pour l'exclure il ne faudra qu'un mot, & que les concurrens armés contre lui par l'espoir de s'en approprier la succession, pourront se cacher dans la foule, même en lui portant les coups les plus meurtriers.

Ensuite vous dites que cette carriere lucrative se subdivise en *différentes spheres*, dans chacune desquelles le plus heureux triomphateur trouveroit à peine *dix ou douze concurrens* qui seroient blessés de son éclat, & gagneroient à sa perte. Eh bien ! n'est-ce pas assez, avec les commodités que vous donne votre respectable *censure*, pour perdre un innocent ? Que chacun de ces rivaux dispose de *cinq voix*, en voilà *soixante* tout d'un coup réunies contre l'homme vertueux qui sera simple en raison de son mérite, & isolé à proportion de sa supériorité. Et trouvez-moi une Compagnie libre où il soit possible à un Membre honnête, c'est-à-dire, sans intrigue, de se soutenir contre *soixante voix* acharnées.

Et s'il a le malheur de réunir les trois especes de talens, entre lesquelles se répartissent aujourd'hui les fonctions du *Barreau*, comme celles de la *Médecine* ; s'il *consulte*, s'il *écrit*, s'il *plaide* tout à la fois, qu'opposera-t-il au triple choc de ces puissances combinées, aux efforts de ce nouveau Cerbere, dont chaque tête lancera contre lui tout à la fois soixante aboiemens furieux ?

Les *Anciens* qui n'ont d'autres ressources que l'oisiveté des *Consultations*, le détesteront, parce qu'il apprendra à se passer d'eux : les faiseurs de

Rôles & de Mémoires l'auront en horreur, parce
que le public croira voir dans fes écrits plus de méthode, & fur-tout plus de briéveté. Les Athletes
babillards qui peuplent les *Audiences*, s'indigneront
de le retrouver encore dans cette lice, & d'avoir
à lutter avec la langue contre le même homme
que ce furcroît de fatigue n'empêchera pas de multiplier des écrits inquiétans pour eux.

Que les circonftances deviennent fâcheufes alors :
qu'un efprit de faction univerfel divife le Royau-
me ; que la Compagnie des Avocats fur-tout foit
déchirée par un fchifme, ou ceux qui ont été les
plus lâches pendant le danger, croient fe juftifier
en montrant plus d'acharnement quand il eft paffé,
doutez-vous que les trois cabales réunies ne forment
bientôt cent cinquante, deux cens voix, & qu'on
ne puiffe ufurper, pour confommer l'attentat, le
nom de la Compagnie, qui rougiroit, qui frémi-
roit dans un temps plus calme, des fureurs qu'on
lui prête dans ces momens d'orage.

Ceffez, ceffez donc de parler de l'*impoffibilité*,
que les paffions fubjuguent vos affemblées. Sans
doute elle contiennent toujours des gens honnêtes
& vertueux : mais à des époques comme celle contre laquelle je réclamerai jufqu'à mon dernier fou-
pir, ils fe taifent, ou ils s'écartent en gémiffant.
C'eft ce qui eft arrivé au Palais, le 3 Février, le
9 & le 16 Mars 1775, & ce qui arrivera toujours
dans de pareilles circonftances.

Et obfervez encore que votre prétendue *cenfure*
eft le moyen le plus affûré de raffembler contre
quiconque on voudra perdre, la pluralité des voix
fans peine. Votre Compagnie eft compofée de
deux efpeces d'hommes ; de gens de mérite em-
ployés, qui s'embarraffent fort peu de vos difcuf-
fions, & dédaignent avec raifon vos affemblées ;

& de gens fans mérite, fans emploi, ennemis nés
de quiconque fe diftingue par l'un ou par l'autre.
Pour eux ces fortes de difcordes civiles font un
triomphe : c'eft là feulement qu'ils font quelque
chofe. Un fois ameutés, réunis par un intérêt commun, peuvent-ils trouver le moindre obftacle à
leurs fureurs ?

Les honnêtes gens, qu'ils ne penfent pas inti-
mider, ils les fubjuguent *par le nombre ;* les jeunes
gens chez qui la vertu n'eft pas encore accompa-
gnée des fignes de la maturité, ils leur impofent
filence par *la crainte.* Conftitués par leur prétendue *cenfure*, Arbitres defpotiques du fort de quiconque leur déplaît, ils en feroient bientôt fentir
l'influence à ceux qui en oferoient combattre l'a-
bus : elle devient dans leurs mains, l'arme la plus
terrible peut-être, qui ait jamais exifté, fur-tout
parce que les coups en font portés au nom d'un
Corps.

Cette Cenfure de *Rome*, dont vous parlez tant,
étoit mille fois moins redoutable & moins fu-
nefte : elle étoit exercée par deux hommes feuls,
qui n'éprouvoient que la quantité de paffions dont
ce nombre eft fufceptible. Ils n'étoient en charge
que deux ans & demi ; les confidérations, la
crainte de l'examen quand ils feroient redevenus
particuliers ; la néceffité d'être foumis à leur tour
à d'autres Cenfeurs non moins févères & non
moins puiffans ; mille motifs de toute efpece de-
voient enchaîner leur rigueur, & les ramener à
la juftice, même à la tolérance, quand ils étoient
près de céder à la tentation de s'en écarter.

Mais la *Cenfure* exercée par un Corps, encore
une fois, feroit le plus affreux defpotifme qui
ait jamais exifté. Dégagée de toute *efpece de formalités ,* comme les Confultans ont foin de le
déclarer

déclarer ; difpenfée comme ils le veulent , de rendre *aucune efpece de compte* ; indépendante comme ils l'exigent de *l'infpection de tous les Tribunaux* ; mais fubordonnée , comme le fait le prouve , aux paffions inféparables d'une foule tumultueufe ; affranchie comme on l'a vû , de toute efpece de repréfailles , fes vengeances feroient terribles , & fes injuftices éternelles ; il n'y auroit pas plus de moyens de fe garantir des unes , que d'obtenir la réparation des autres. Je demande à ceux d'entre les Avocats qui ont de l'honneur , de l'ame , de la délicateffe , s'ils doivent être bien jaloux d'une femblable prérogative ?

CONSULTATION.

Si du raifonnement nous paffons aux exemples , le Barreau nous offrira la lifte de fes grands Hommes. En verra-t-on un feul qui ait été perfécuté par fes Confreres ? Le Public fe rappelle le nom d'un Cochin , cet homme immortel , des le Normand , des Aubry , & de plufieurs autres Hommes illuftres. Ne font-ils pas tous morts en paix , fur les trophées de leur éloquence ? N'ont-ils pas joui pendant leur vie de la confidération la plus flateufe dans leur Ordre !

REPONSE.

Ceci eft une grande imprudence encore : mais puifqu'on m'en donne l'occafion , je rappellerai la tradition conftante au Palais , que *Cochin* ayant acheté le premier une Charge de *Secrétaire du Roi* , on parla de le rayer ; *Le Normand* , propofé pour *l'Académie Françoife* , fut menacé de la *radiation* , s'il acceptoit. Un célebre Avocat de nos jours , pour s'être décoré *d'un grand Cordon* , a effuyé des tracafferies. On citeroit encore des exemples plus modernes des

D

effets de la baſſe jalouſie , qui abuſoit de la *Cenſure* , contre les talens ; & ſi les circonſtances avoient alors été les mêmes qu'aujourd'hui , elles auroient produit les mêmes atrocités.

CONSULTATION.

Parmi les Orateurs qui ſe diſtinguent aujourd'hui au Barreau , parmi les jeunes gens qui n'attendent que le moment de paroître à leur tour ſur ce théâtre d'honneur , & qui s'y promettent les ſuccès les plus brillans , en eſt-il un ſeul qui craigne que l'envie ſe ſerve un jour de la diſcipline de l'Ordre , pour flétrir ſes talens , & pour le punir de ſes ſuccès.

REPONSE.

Les Conſultans oſent-ils invoquer le témoignage des jeunes gens ? Ce témoignage , ſi ceux-ci avoient le courage de le publier , le laiſſeroit-on impuni ? La *Cenſure* , n'eſt-elle pas l'épouvantail dont on abuſe pour leur lier la langue ?

D'ailleurs eſt-ce dans la ferveur du noviciat qu'on apperçoit les épines dont eſt hériſſée la fin d'une carriere où l'on s'engage ? Il n'y a que l'expérience , la triſte expérience qui puiſſe convaincre de leur exiſtence : on ne les voit que quand on eſt piqué. Quel eſt le jeune homme qui ne ſe flatte pas de s'en ſauver , par ſa conduite s'il eſt modeſte , & par ſes talens s'il a la confiance , l'amour propre , l'indiſcrétion de ſon âge ? (1)

Ceux qui en ont éprouvé la ſévérité , tenoient Jamais on n'a plus indignement abuſé des

---

(1) On peut au ſurplus conſulter à ce ſujet les *Réflexions pour Me Linguet , Avocat de la Comteſſe de Béthune* , page 10 & 11 de l'*in* 4°.

CONSULTATION.

le même langage lorsque l'intérêt ne leur fascinoit pas les yeux, & ils lui rendent encore, en le calomniant, un témoignage bien honorable, lorsqu'ils prétendent avoir été les premieres victimes de l'injustice.

REPONSE.

mots. C'est à moi que ceci s'adresse. On m'avoit rayé pour avoir *outragé l'Ordre*, disoit-on. Je me suis défendu en citant les éloges dont je l'avois comblé : & ici l'on retorque contre moi ces éloges : mais qu'ai-je dit ? « Qu'une expérien-

» ce cent fois réïtérée a démontré une vérité
» honorable à l'Ordre des Avocats ; c'est que si
» la jaloufie, l'intérêt, toutes les paffions hon-
» teufes agitent quelquefois un certain nombre de
» fes Membres, le Corps s'en eft toujours mon-
» tré exempt ; c'est qu'il n'a jamais manqué de
» s'y trouver des hommes honnêtes, qui voient
» la vérité, qui la goûtent, & qui la font goû-
» ter aux autres. Pareil aux tourbillons de *Des-*
» *cartes*, où le repos général naît du mouvement
» des parties, où chaque chofe refte en fa place,
» parce que tout tend fans ceffe à s'en écarter,
» ce Corps fingulier, dès qu'il eft raffemblé, re-
» vient infenfiblement à l'honneur, à la Juftice,
» dont fes agitations inteftines fembloient devoir
» l'éloigner. (2)

Je ne me retracte pas, je dis encore, je dirai toujours, donnez-moi une affemblée honnête, vraiment générale, libre, dont le Préfident ne foit pas forcé de fe récufer lui-même, en s'opiniâtrant à préfider toujours ; dont les Calom-

____

(2) *Ibid.* pag. 13.

D 2

niateurs foient exclus ; dont les hommes vertueux ne foient pas obligés de s'exiler , & elle juftifiera mes éloges par une décifion toute contraire à celles du 22 Décembre, du 26 Janvier , du 3 Février & du 16 Mars.

CONSULTATION.	REPONSE.

Après avoir établi les fondemens de l'Ordre des Avocats, il faut en confidérer l'effet fur ceux de fes membres que fa difcipline a frappés.

Ne le *pourfuit point !* Quelle indulgence ! je vous dois fans doute favoir beaucoup de gré de ce que vous ne m'avez fait , ni *décapiter* , ni *rouer*, ni *brûler vif !* je fens tout le prix de vos

Ce zele qui nous anime pour la maintenir, & qui nous oblige à facrifier quelquefois nos confreres à la févérité de nos régles , ne les pourfuit point après l'acte rigoureux qui nous en a féparés.

bontés : mais il eft bien faux que dans le refte vous ne *pourfuiviez* pas.

Vous me pourfuivez par des libelles , tels que cette *Confultation* , tels que la *Cenfure* , autre production de la même

force. Vous me pourfuivez par les plus odieufes manœuvres , dont voici un exemple entre mille. Dans le *Répertoire* , Ouvrage de Jurifprudence nouveau, au mot Avocat, on citoit l'Arrêt du 29 Mars , mais d'une maniere honnête , & confolante pour moi. Le Cenfeur , *Avocat* , a forcé l'Auteur à retrancher les modifications, parce que , a-t-il dit , *on le RAIEROIT lui-même s'il paffoit le moindre éloge en ma faveur.* Et vous ne pourfuivez pas !

Une Femme d'un grand nom , & d'un courage héroïque , ofe s'élever contre vos caprices : elle

brave vos fureurs, pour tenir à un choix que
l’honneur & la délicateffe lui rendent précieux :
vous devenez fes adverfaires perfonnels : le Barreau entier qu’elle honore d’un fpectacle nouveau,
s’arme contr’elle. Ce n’eft plus la juftice de fes
raifons qu’on examine, c’eft la néceffité de fa perte. Le Tableau des Avocats n’eft plus que la lifte
des ennemis mortels qui ont juré fa ruine : vous
affiégez le Parquet, les Tribunaux ; vous arrachez
contr’elle des Jugemens auxquels on joint toutes
les mortifications & la dureté que la petiteffe de la
haine peut imaginer.

Depuis, craignant de voir l’héritage entier de
fes enfans fe fondre fous les coups que vous diri-
gez, elle confent enfin à fe foumettre, à vous
prendre pour fes agens : elle veut bien que des
Avocats la fervent : indifférente fur le choix, elle
le laiffe tomber fur les mains qui fe font diftinguées
contre moi. Ce facrifice ne les appaife pas : dans
l’opinion qu’en fecret, c’eft encore moi qui la di-
rige, & que fa confiance n’a pas cédé à votre defpotifme, on . . . . . . Je veux bien me taire fur ces
odieux détails ; ce que je puis dire, c’eft qu’on
n’oublie rien pour lui faire expier par un long
fupplice le crime d’avoir été auffi courageufe
que vous étiez furieux ; & par le renverfement de
fa fortune, l’audace d’avoir douté de vos priviléges. Et vous ne pourfuivez pas !

<table>
<tr><td>CONSULTATION.</td><td>REPONSE.</td></tr>
<tr><td>Nous defirons qu’ils continuent d’être honorés dans le monde.</td><td>Quelle ironie ! ou quelle audace ! quoi ! l’homme que les Avo-cats ont chaffé, les Con-</td></tr>
</table>

fultans le préfentent aux autres hommes, pour être

l'objet de leurs hommages ! Mais de deux choses l'une : ou ils font donc bien certains de l'injuftice de leurs profcriptions , puifque de leur aveu l'honneur du profcrit peut y furvivre ; ou ils ont un bien étrange mépris pour le refte de la fociété , puifque ce fujet indigne d'être confervé parmi eux , leur paroît encore bon pour figurer avec honneur dans les autres emplois civils.

| CONSULTATION. | REPONSE. |

La privation d'un état honorable n'imprime aucune flétriffure , lorfqu'ellé n'eft pas l'effet d'une condamnation judiciaire.

Quels fophifmes ! quel cruel abus des mots ! Sans doute elle n'eft pas ignominieufe quand elle eft l'effet de la violence , quand elle ne fuppofe quel l'abus de l'autorité , quand elle n'eft cenfée précédée d'aucun examen, d'aucun grief, quand elle a frappé fans préliminaire l'infortuné dont elle opere la ruine : la foudre tue & ne deshonore pas.

Mais quand elle eft la fuite d'une délibération connue ; quand elle eft confacrée par l'acceffion des Tribunaux ; quand un homme défigné d'abord au Public comme étant digne de fa confiance lui eft dénoncé enfuite comme ayant perdu le droit d'y prétendre, il n'effuie aucune flétriffure ? Il peut fe garantir de l'opprobre ? Et ce font, encore une fois, des *Avocats*, des *Jurifconfultes* qui raifonnent ainfi, pour fe maintenir dans la poffeffion chimérique du plus abfurde, du plus cruel, du plus abufif de tous les priviléges !

En deux mots, fi la radiation n'eft pas deshonorante pour celui qui la fubit, il faut qu'elle le foit pour ceux qui la prononcent : il n'y a pas de milieu.

CONSULTATION.

Chaque Etat a ſes Loix particulieres, qu'on peut n'avoir pas obſervées fidellement, ſans être un homme indigne d'eſtime.

REPONSE.

Toute regle dont l'infraction ne rend pas indigne d'eſtime, n'eſt pas une regle eſſentielle : le particulier qui la viole peut être reſponſable envers le corps, & puni par des réprimandes, par des mortifications ſecretes ; mais n'ayant pas failli envers la ſociété, il ne peut pas être privé de ſes fonctions publiques. Voilà le grand principe, l'axiôme irréfragable, qui répond à toutes les déclamations des *Conſultans*. Les regles *particulieres* ne peuvent entraîner, pour celui qui les enfreint, que des punitions *particulieres*. Reſte donc à ſçavoir ſi la *radiation* du Tableau eſt, ou n'eſt pas, une punition *publique*.

C'eſt ainſi qu'un Militaire, peu conſidéré dans les camps, peut être un excellent citoyen, & ſervir utilement ſa patrie dans une carriere plus tranquille.

Quelle abſurde, quelle odieuſe comparaiſon ! 1 . Eſt ce à des hommes de I oi à réclamer, pour autoriſer la violence de leurs procédés, *les uſages des camps ?* 2°. Si l'homme décrié ſous la tente l'a été pour avoir manqué *aux Loix de ſon état*, c'eſt-à-dire, pour une lâcheté, n'eſt-il pas *deshonoré ?* Mais alors auſſi, ne lui laiſſe-t-on pas la carriere ouverte pour s'abſoudre ? Son crime n'eſt-il pas connu ? Ses Délateurs ne ſont-ils pas les premiers à l'inviter à ſe juſtifier, & ſa condamnation même n'eſt-elle pas un défi ? Il porte à ſon côté une puiſſance à laquelle il peut foumettre fes accufateurs, & fes Juges mêmes. S'il fe tait, s'il recule, c'eft fa foibleffe alors qui le perd. En eft-il de même ici ? Eft-ce moi qui ai reculé ? Eft-ce moi qui ai craint le choc, la vérification ? N'eft-ce pas-là ce que je demande en vain depuis trois ans ? Ah ! que mes *Cenfeurs* defcendent, s'ils l'ofent, fur ce *Pré* où je les appelle ; qu'ils viennent partager le péril des accufations qu'ils intentent ; que, ceffant de fe cacher dans la foule, & fe mefurant avec moi, feul à feul, ils viennent, comme je le fais depuis tant d'années, préfenter leur cœur nud au fer tranchant de la vérité, & qu'on compte alors les bleffures.

Mais non, tout leur foin eft d'éviter ce combat : ils multiplient les efforts & les écrits, pour perfuader aux Tribunaux, au Gouvernement qu'on ne doit pas me l'accorder, & ils ofent invoquer la *difcipline militaire !*

CONSULTATION.	*REPONSE.*
Les Avocats n'ont jamais perdu le fouvenir de l'ancienne illuftration de leur Etat, & ce fouvenir leur a infpiré une forte de fierté qui ne peut retourner qu'au profit de la vertu. Ils ont voulu que leurs honoraires portaffent toujours le caractere d'un tribut volontaire, & ils fe font interdit non-feulement toute action en Juftice ; mais encore toute autre démar-	Voilà donc une des *premieres loix particulieres* des Avocats, une de celles qui entraînent la même peine que l'infraction des *loix de l'honneur*, c'eft de s'interdire toute *démarche tendante à exiger le prix de leurs travaux.* Dans le droit & dans le fait, rien n'eft plus faux. Dans le fait, perfonne n'ignore qu'un Avocat, à qui des pieces

CONSULTATION.	REPONSE.

che tendante à exiger le prix de leurs travaux.

font confiées, & qui ne s'eſt pas fait payer d'avance, ne rend *le ſac* que quand l'honoraire lui a été remis. On n'exigera pas, ſans doute, à cet égard, des preuves de moi : elles ſeroient trop nombreuſes.

Dans le droit, Mes *Raymond* & *Buynand*,

Qui depuis..... mais alors ils étoient Avocats.

ont formé une action *pour le prix de leurs travaux.* Par Arrêt du 15 Mars 1766 ; & ce qu'il y a de ſingulier, ſur les concluſions de M. *de Barentin*, il leur a été adjugé 75,000 liv. pour travaux de leur profeſſion : ils n'en ſont pas moins reſtés ſur le *Tableau.* Ce que l'on dit ici de cette prétendue regle eſt donc une fauſſeté inſigne.

Il eſt vrai que les Avocats de Paris en y dérogeant toujours, ont toujours eu ſoin de la revendiquer : ils ont même pouſſé le rigoriſme bien plus loin : non-ſeulement ils ont dit que la délicateſſe ne leur permettoit pas de *demander des honoraires ;* mais ils ont aſſuré qu'elle leur défendoit auſſi, quand ils en reçoivent, de *donner des quittances.* Il y a cependant des Loix formelles qui les aſtreignent à cette formalité, une des plus indiſpenſables dans l'ordre ſocial. Dans preſque tous les Parlemens de France, ils s'y ſont ſoumis : il n'y a qu'à Paris où ils ne l'ont pas adoptée.

On peut voir dans les Mémoires de *Sully*, la ſcène bizarre, par laquelle ils troublerent à cette occaſion une des dernieres années du regne du grand *Henri IV.* On peut lire dans *Loiſel* les raiſonnements futiles dont ils ſe ſervirent pour co-

lorer aux yeux des gens du monde cette rebellio%
tout à la fois auffi ridicule que criminelle.

Au fond elle n'étoit fondée fur aucune des raifons que *Loifel* étale avec emphafe. Veut-on la fçavoir, la vraie raifon qui a fait regarder cette indépendance aux Avocats de Paris, comme le Palladium de leur *Ordre* ; il eft bien aifé de l'appercevoir. En fignant des reçus des honoraires , c'étoit s'expofer à la furveillance des Loix ; en confentant à avoir le droit de les exiger, c'étoit s'expofer à les voir reftreindre. Ils ont mieux aimé perdre en apparence le droit de rien demander , pourvu qu'il n'exiftât pas de traces de ce qu'ils auroient reçu. Ce fujet a été traité dans un écrit remis fous les yeux du Roi & du Confeil , dont voici un morceau.

» Dans le fond , feroit-il fi difficile de prouver
» que cette délicateffe , dont les feuls Avocats du
» Parlement de Paris fe targuent fi fort , eft une
» chimere , & peut-être même une charlatanerie
» tyrannique , dont le bien commun de la Société
» exigeroit la fuppreffion ? Il en eft de cet ufage
» au moins comme de tous les devoirs trop aufte-
» res , dont la rigueur apparente ne fe foutient
» que par des infractions fecretes. S'il étoit fcru-
» puleufement obfervé , c'eft fur-tout à l'honnê-
» teté qu'il deviendroit nuifible , parce qu'elle ne
» fçauroit pas l'éluder. C'eft la même chofe que
» le célibat pour le fexe ; ce font précifément les
» filles les plus vertueufes qui en font le plus im-
» portunées. »

» En général les Avocats ne font pas plus dupes
» que les autres hommes : par état même ils doivent
» l'être moins. Auffi j'en attefte le grand nombre
» des Plaideurs qui ont eu befoin de leur fecours ; je
» les interpelle de rendre compte des précautions

» que de très-honnêtes Jurifconfultes fe font per-
» mis de prendre pour fe difpenfer du befoin de
» recourir à une répétition juridique du prix de
» leurs travaux. Ils rougiroient de demander leur
» falaire après des fervices rendus ; mais ils fe
» font payer d'avance : il n'eft permis de les
» aborder que l'argent à la main. Il n'eft pas
» étonnant que des gens fi précautionnés dans les
» préliminaires, dédaignent de s'occuper des fui-
» tes. Leur nobleffe apparente pour l'avenir, n'eft
» qu'un moyen plus sûr de rançonner fur le champ.
» Elle couvre bien plus de concuffions que de
» facrifices. »

Et comme s'il falloit que dans la conduite des
Avocats de Paris, il ne manquât rien de ce qui
peut caractérifer la contradiction, l'inconféquen-
ce, ils n'ont pas même tenu à ce prétendu refus
de donner des quittances, qui fembloit avoir un
côté noble ; ils l'ont éludé par un tempérament
que la complaifante difcipline adopte. En prenant
de l'argent, ils n'en donnent pas de quittances
eux-mêmes ; mais ils la font donner par leurs *La-*
quais. C'eft un fait journalier & conftant au Palais. L'Avocat qui a commis cette fraude honteufe croit avoir rempli fes obligations, & fa difcipline l'abfout, tandis qu'elle profcriroit avec ignominie l'ame ferme qui auroit rougi de prendre, pour
un acte licite, un mafque deshonorant. Voilà
pourtant à quel degré d'aviliffement l'excès d'une
prétendue délicateffe a conduit cette Compagnie
impérieufe ; voilà les auguftes priviléges qu'on ne
peut examiner fans mettre la Société entiere en
combuftion.

CONSULTATION.

Cependant il eſt juſte que les Miniſtres de la Juſtice, comme ceux du Sanctuaire, vivent des rétributions attachées à leur miniſtere, & les Loix ne peuvent refuſer une action contre ceux qui négligent de les acquitter. —

Des perſonnes éclairées nous reprochent quelquefois, comme une délicateſſe bizarre, la rigueur de nos principes ſur cette matiere, qui ſemble inviter à l'ingratitude ceux qui auroient l'ame aſſez baſſe pour n'en pas rougir. Nous ne pouvons répondre autre choſe aux fortes raiſons qu'elles nous alleguent, ſi-non que la vertu ne peut guere exiſter ſans un peu de cet enthouſiaſme qui l'emporte au delà du devoir, & qu'ayant reçu ce principe de ceux qui nous ont précédés dans le Barreau, nous ſommes jaloux de la tranſmettre à ceux qui nous ſuivront.

REPONSE.

Et vous exigez, en vertu de votre diſcipline, que les Loix proſcrivent ceux qui répetent une choſe juſte, ceux qui intentent une action qu'elles ne peuvent pas leur refuſer.

Les Conſultans conviennent qu'on oppoſe de *fortes raiſons* à leur délicateſſe *bizarre*. Il n'étoit guere poſſible d'y répondre d'une maniere plus foible & même plus ridicule, qu'ils ne le font ici. On vient de voir des motifs bien plus déterminans, & ceux en effet qui ont déterminé la prétendue diſcipline de l'Ordre. Il eſt vrai qu'il étoit difficile de les inférer dans la Conſultation.

CONSULTATION.   *R E P O N S E.*

L'Ordre des Avocats exclut aussi du nombre de ses Membres ceux qui s'offrent sous le voile de l'amitié, à rendre des services au dessous de leur Ministere.

Des services au def-sous de leur ministere ! mais ne falloit-il pas les spécifier ? Est-ce donc dans une généralité si confuse qu'il falloit laisser l'énonciation d'un délit capable d'entraîner la perte de quarante ans d'honneur & d'intégrité.

Il y a plus ; l'état d'Avocat lui-même est un ministere de *confiance*, par conséquent d'*amitié*. Cette noble union, cette passion des belles ames, moins emportée, mais plus désintéressée que l'amour, ne vit que de services reçus & rendus. La discrétion, le myftere, dans ce commerce, est ce qui en fait le charme, & le voile dont la vertu peut le couvrir, vous en faites indistinctement un asyle criminel ; & vous frappez tout ce qu'il recele de la foudre qui devoit être réservée pour la prévarication !

Ceux qui se livrant à des affaires incompatibles avec leur état, S'EXPO-SENT à des contraintes par corps.

S'exposent est précieux. Ce n'est pas le débiteur frauduleux, ou imprudent, pourfuivi par la Justice, que les Consultans dévouent à l'excommunication : c'est celui qui a contracté de bonne foi un engagement qu'il a rempli avec exactitude: C'est l'engagement en lui-même qui est un crime à leurs yeux.

CONSULTATION.

Ceux qui contreviennent à ces regles font coupables envers la Société qui les a admis dans fon fein, à condition qu'ils les obferveroient. Ils ne le font pas envers l'humanité qu'ils ont pu fervir avec zèle *& avec fuccès.*

Il eſt un autre devoir particulier à notre profeſſion, que la raifon & l'humanité nous dictent;

Mais dont on s'écarte quelquefois par un vice de tempérament, pluſôt que par un deſſein réfléchi : c'eſt la décence & la modération dans nos difcours & dans nos écrits.

22 Décembre 1774, du vrier, du 16 Mars 1775 ?

Lorfqu'un Avocat met fur fes yeux le bandeau qui couvre ceux de fa Partie, lorfqu'il ne fe place entre le Peuple & fes Juges, que pour pré-

REPONSE.

Quoi ! fervir l'humanité avec *zèle* & avec *fuccès* eſt un motif d'exclufion parmi les Avocats de Paris ? Un cœur compatiſſant, une générofité heureufe font des crimes aux yeux des Cenfeurs des mœurs ?

Quoi ! vous l'écoutez cette humanité, & vous puniſſez ceux qui la fervent avec *zèle & avec fuccès.*

Ce devoir fe bornét-il aux difcours & aux écrits de chaque Avocat en particulier ? Ne doitil pas avec plus de raifon encore être refpecté dans leurs aſſemblées ? L'a-t-il été dans celle du 26 Janvier, du 3 Fé

Tout cela ne préfente qu'une généralité bonne dans la fpéculation ; mais qui ne peut fervir de regle dans les cas particuliers. Il faut tou-

CONSULTATION.

ter aux haines, aux reffentimens de fes Cliens l'énergie de l'expreffion & la vivacité des images, il fe rend indigne d'un miniftere facré, & fes talens deviennent alors un titre qui l'en écarte.

Quand on fe connoît une imagination ardente, trop facile à s'enflammer, & à éprouver des paffions étrangeres, ne doit-on pas s'abftenir des fonctions d'un état qui exige une circonfpection févere, plutôt que de courir le rifque affreux de plonger le poignard dans le cœur d'un honnête homme; & de lui faire des bleffures qui faigneront encore après que la Juftice aura rendu l'oracle qui le juftifie.

REPONSE.

jours examiner fi celui que vous prétendez inculper, à fait ce que vous dites-là; fi réellement c'eft aux *haines*, & non pas à la vérité, qu'il a prêté l'énergie de l'expreffion; fi c'eft le *reffentiment* qu'il a fervi, & non pas la *juftice*.

C'eft encore ici la même réponfe : ce ne font-là que des lieux communs; en fuppofant tous ces principes vrais, comme au fond ils le font, qu'en réfulte-t-il ? Qu'il faut examiner, fi celui qu'on veut condamner à s'*abftenir*, a en effet *plongé le poignard dans le cœur de quelque homme honnête*. Plus l'abus feroit atroce, plus la preuve eft néceffaire.

Ce paffage deviendroit bien plus bizarre, & d'une malignité bien plus criminelle, s'il fe trouvoit que l'Avocat à qui l'on en fait l'application, n'eût jamais montré cette imagination *ardente* & *inflammable*, qu'en faveur des innocens, & en *défendant*; s'il fe trouvoit que la feule affaire où il ait parlé pour un *accufateur* eût été fuivie du triomphe le plus complet ; que dans toutes les autres il n'eût jamais montré de zèle , de paffion que pour des *opprimés*, qu'il falloit arracher à des cabalés acharnées & autorifées ; qu'enfin au lieu de faire des *bleffures*, il ne fe fût jamais occupé qu'à en fermer, & que ce fut là fon véritable crime aux yeux des diffamateurs furieux qui le pourfuivent.

CONSULTATION.	REPONSE.

Lorfqu'après avoir épuifé toutes les reffources du zele & de l'affection fraternelle, l'Ordre défefpere de corriger ceux de fes Membres qui fe font remarquer par un panchement dangereux à aiguifer les traits de la Satyre, il fe croit forcé de s'en féparer.

Soit encore : mais qu'il prouve d'abord la réalité du penchant, & enfuite l'impoffibilité de la correction.

Cette féparation eft d'autant plus douloureufe, qu'elle en retranche quelquefois des talens qui lui auroient fervi d'ornement, fi cet odieux défaut n'en eût terni l'éclat.

Alidor, dit un fourbe, il eft de mes amis.

On voit rarement échouer à cet écueil ceux qui étant entrés au Barreau dès leur premiere jeuneffe, fe font pénétrés de bonne heure de fes principes, & ont commencé par nourrir leur

Le refte de cet Ecrit n'eft, comme ce paffage, qu'une déclamation fauffe & faftidieufe fur le danger d'admettre à l'état d'Avocat des hommes accoutumés à exercer leur efprit, & la néceffité

CONSULTATION. **_RÉPONSE._**

leur esprit d'études & de réflexions solides. Le défaut dont nous parlons ici est souvent le partage de ceux qui, après avoir consacré leurs premieres années à des occupations frivoles, & aux jeux du bel-esprit, se déterminent par une vocation tardive à prendre place au Barreau, & apportent dans des travaux sérieux leurs premiers goûts & leurs premiers penchans.

cessité d'en éloigner tous ceux qui ont du goût pour la littérature; maxime démentie par la pratique, comme tant d'autres hasardées dans cet Ecrit, & absurde même dans la théorie.

Dans le fait, il y a sur le *Tableau*, parmi ceux-mêmes qui ont signé la *Consultation*, des Avocats qui non-seulement ont fait des *Vers*, des *Tragédies*, ce qui est de toutes les occupations littéraires, la plus incompatible avec la *Jurisprudence*, mais qui se sont permis, & dans un âge avancé, de les *jouer publiquement*; ce qui dans nos mœurs est bien plus frivole, & bien plus indécent: ils n'en sont pas moins restés sur le *Tableau*.

Dans le fond, rien de plus absurde que ce principe. La *Jurisprudence* est, ou doit être, par la nature même des choses, au moins sœur de la *Littérature*. Les Gens de Lettres sont les *Avocats* de la raison & de la justice. Ils plaident pour elles au tribunal du public; les petites sociétés particulieres, qui défendent les intérêts privés dans les Tribunaux ordinaires, ne sont que des démembremens de cette société générale, qui travaille à l'accroissement des lumieres, & qu'on appelle *Littérature*. Elle est à la *Philosophie* ce que les *Mathématiques* sont aux *Arts*. Le plus grand honneur & le plus grand mérite des Avocats est de lui apar-

tenir en quelque chofe. La Confultation eft le premier monument où l'on ait ofé établir une incom-
patibilité entr'elle & le Barreau. Et cette fciffion
eft d'autant plus honteufe, que c'eft la malignité
qui l'a opérée. Les *Confultans* qui viennent d'annoncer qu'on doit être *rayé* quand on a du penchant à la *fatyre*, ne s'y font déterminés que pour
en faire une.

CONSULTATION.

*Toutes ces raifons dé-
terminent à croire que les
Magiftrats ne peuvent
faire aucune difficulté de
déclarer le fieur* Roblein
*non - recevable dans fa
demande.*

feau, ils ont ordonné
Tableau de Poitiers.

*DÉLIBÉRÉ à Paris,
le 15 Avril 1775.
Signé,* DUVERGIER.

REPONSE.

Toutes ces raifons ont
déterminé les Magiftrats
à croire qu'ils ne pou-
voient fe difpenfer d'ac-
cueillir la demande du
fieur *Roblein*, & en conféquence, fur les con-
clufions de M. d'Aguef-
qu'il feroit infcrit fur le

Il n'y a rien à dire à
M. DUVERGIER, *ignoti
nulla cupido.*

CONSULTATION

Appofée à la fuite de la précédente.

LE CONSEIL foußi-gné qui a vu la Confultation ci-deffus:

EST D'AVIS que les Principes développés dans cette Confultation, font en effet CEUX QUI GOUVERNENT LES AVOCATS, & c'eft dans ces principes que fe trouvent les raifons de leur Difcipline.

RÉPONSE

LE CONSEIL foußi-gné, qui a vu la Confultation, & fait les obfervations ci-deffus : EST D'AVIS que fi en effet ces principes gouvernent les Avocats, ils font très-mal gouvernés, & que fi l'on y trouve réellement les raifons de leur Difcipline, cette Difcipline eft un attentat contre la la juftice, contre les loix de l'honneur, contre le repos de la fociété en général. Pour achever de le démontrer, réfumons cet inconcevable Ecrit.

Il en réfulte que les Avocats ne font aftreints à aucune des régles que la politique, la juftice, le bon fens, ont forcé tous les *corps* d'adopter, & qu'ils ont pourtant tous les priviléges des *corps*; que l'honneur & la délicateffe font l'ame de leurs fonctions, & qu'on peut en être privé fans *ignominie*, que leur miffion principale eft d'étudier les loix, d'en réclamer l'exécution, & qu'ils font difpenfés de les obferver entr'eux; qu'en excluant un de leurs Confreres, de leurs fonctions, ils le déclarent indigne de l'eftime & de la confiance publiques, & qu'ils ne lui *ôtent rien*; qu'en le dégradant ainfi ils n'agiffent pas comme *Juges*, mais comme *Cenfeurs*; que cette *Cenfure* eft incompatible avec les loix d'une Monarchie, & qu'on ne peut la leur disputer en *France* ; qu'il n'eft pas permis aux Tribunaux de vérifier les opérations, & qu'ils font obligés de les appuyer ; que tout ce que la juftice a à faire dans leurs démêlés, c'eft de leur prêter fa main & fon glaive, quand ils le demandent, & de frapper fans examen, comme fans réflexion, la tête qu'ils lui indiquent ; qu'enfin la fauve-garde de leur honneur, le Palladium de leur délicateffe, fans lefquels il ne faut plus compter avoir de vrais Avocats au monde, c'eft le droit d'appliquer la même peine à la méprife & à la fcélérateffe, à l'erreur & au crime, fans s'expliquer fur la différence, & d'exécuter, par le miniftere des Magiftrats, des Arrêts de mort, non-feulement fans énoncer des motifs, mais fans en avoir.

CONSULTATION.	REPONSE.
Sans doute, le genre de pouvoir qui réfulte de là, femble un pouvoir redoutable. Mais qui pourroit s'en plaindre ?	Quiconque en feroit victime.
Ce feroient les Avocats feuls. Déja affujettis, en qualité de Citoyens, aux loix générales, ils le font à ces ufages fi rigoureux qui leur font propres. Cependant, loin de murmurer contre le joug qui pefe fur eux, on les voit tous fe féliciter de le porter, tant parce qu'il fait leur fûreté commune, que	*Tous !* Quelle impofture ! on vient de voir les fruits de cette adminiftration, quant au Public, & quant aux Avocats, je défie, je le répéte, qu'il s'en trouve un feul, qui ofe aujourd'hui joindre fon nom à ceux qui ont figné la Confultation, certainement fans la lire.

parce que sur-tout l'intérêt public auquel ils se sont voués, y est essentiellement attaché. C'est le public qui recueille les fruits d'une administration dont les Avocats supportent avec joie toute l'austérité.

<table>
<tr><td>

CONSULTATION.

</td><td>

REPONSE.

</td></tr>
<tr><td>

DÉLIBÉRÉ *à Paris le* 15 *Mai* 1775.

</td><td>

DÉLIBÉRÉ à Paris le 12 Août 1775.

</td></tr>
<tr><td>

ROUSSELET, *ancien Bâtonnier.*
RIGAULT , *ancien Bâtonnier.*
CELLIER.
DE LAMBON , *ancien Bâtonnier.*
D'OUTREMONT.
BABILLE.
AUBRI.
CLÉMENT.
DANDASNE.
LÉGOUVÉ.
ELIE DE BEAUMONT.
TARGET.
VERMEIL.
LEON.

</td><td>

LINGUET.

Si l'on trouve ce nom ainsi isolé incapable de contrebalancer le poids de ceux qui chargent la colonne ci-contre , on peut ajouter dans celle-ci ,
  L'HONNEUR ,
  LA JUSTICE ,
  LA RAISON ,
  LA VÉRITÉ ,
  LA DÉLICATESSE ;
toutes *Vierges* qui certainement sont de l'avis de la Consultation de Me Linguet, & mettront au moins l'équilibre.

</td></tr>
</table>